SFORZO ALLEVIARE ADULTO DISEGNI
ANIMALI DA COLORARE LIBRO EDIZIONE

ANIMALI SELVAGGI

Coloring Bandit

Pubblicato da Speedy Publishing Canada Limited

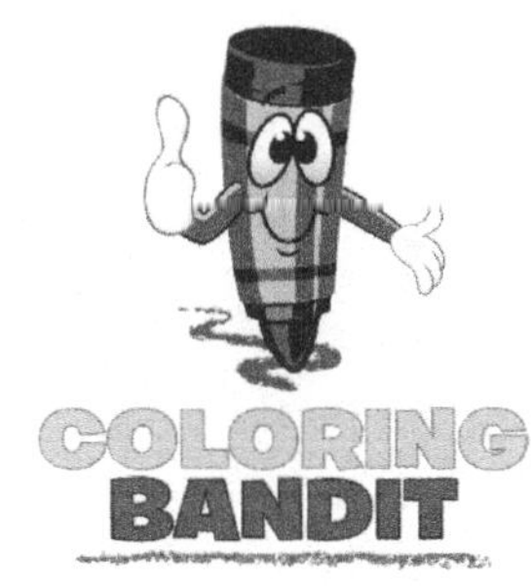

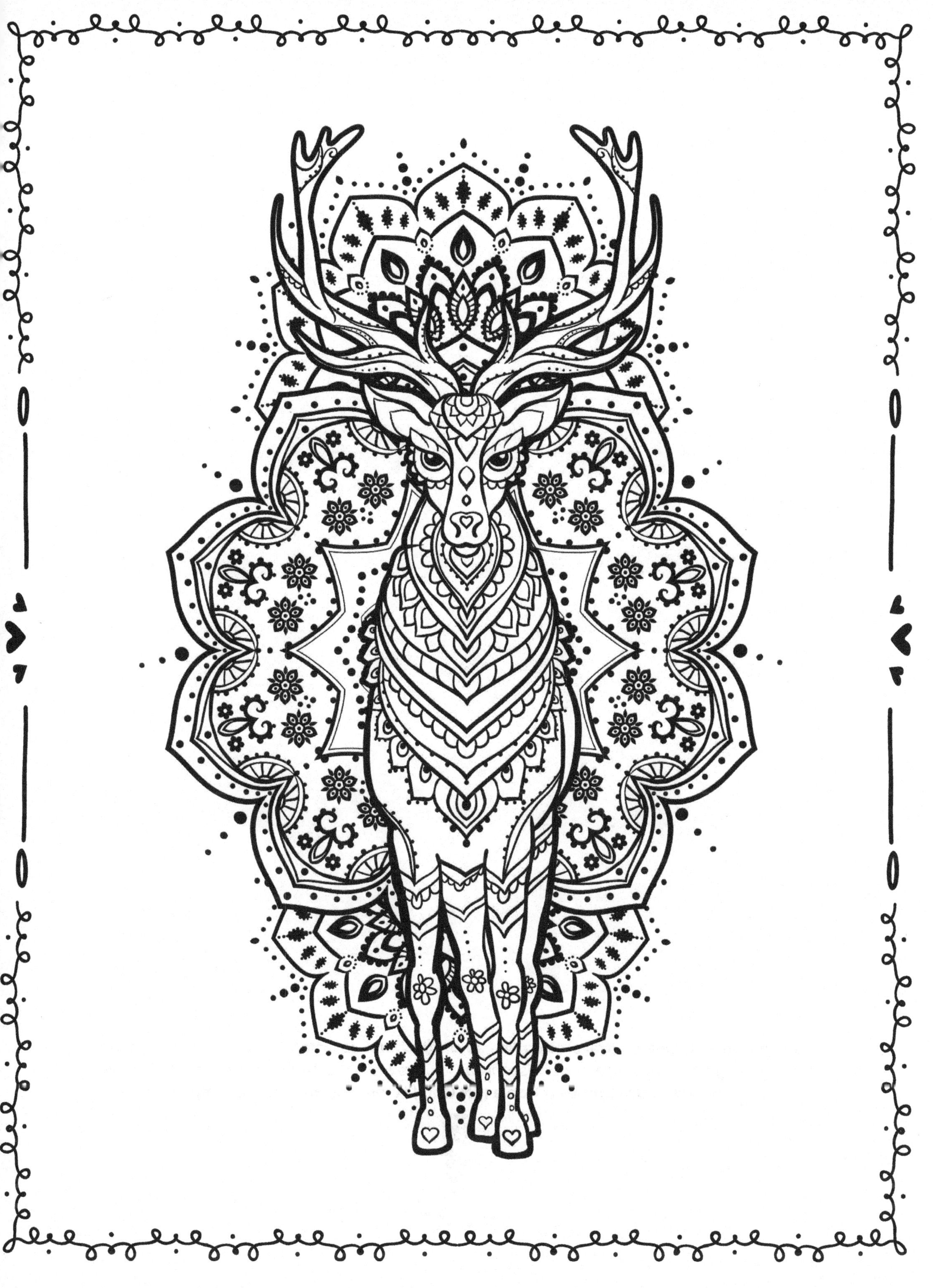

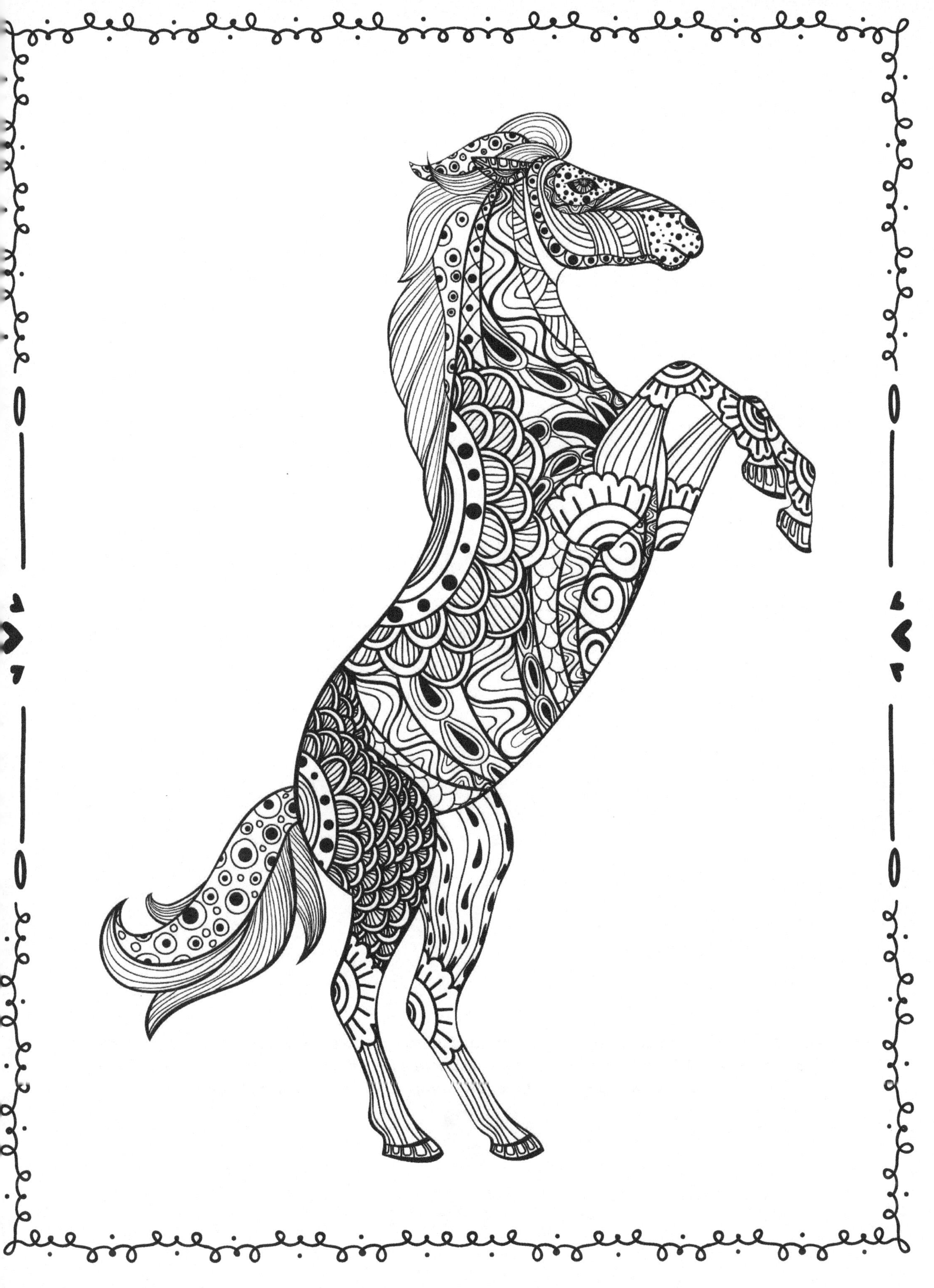

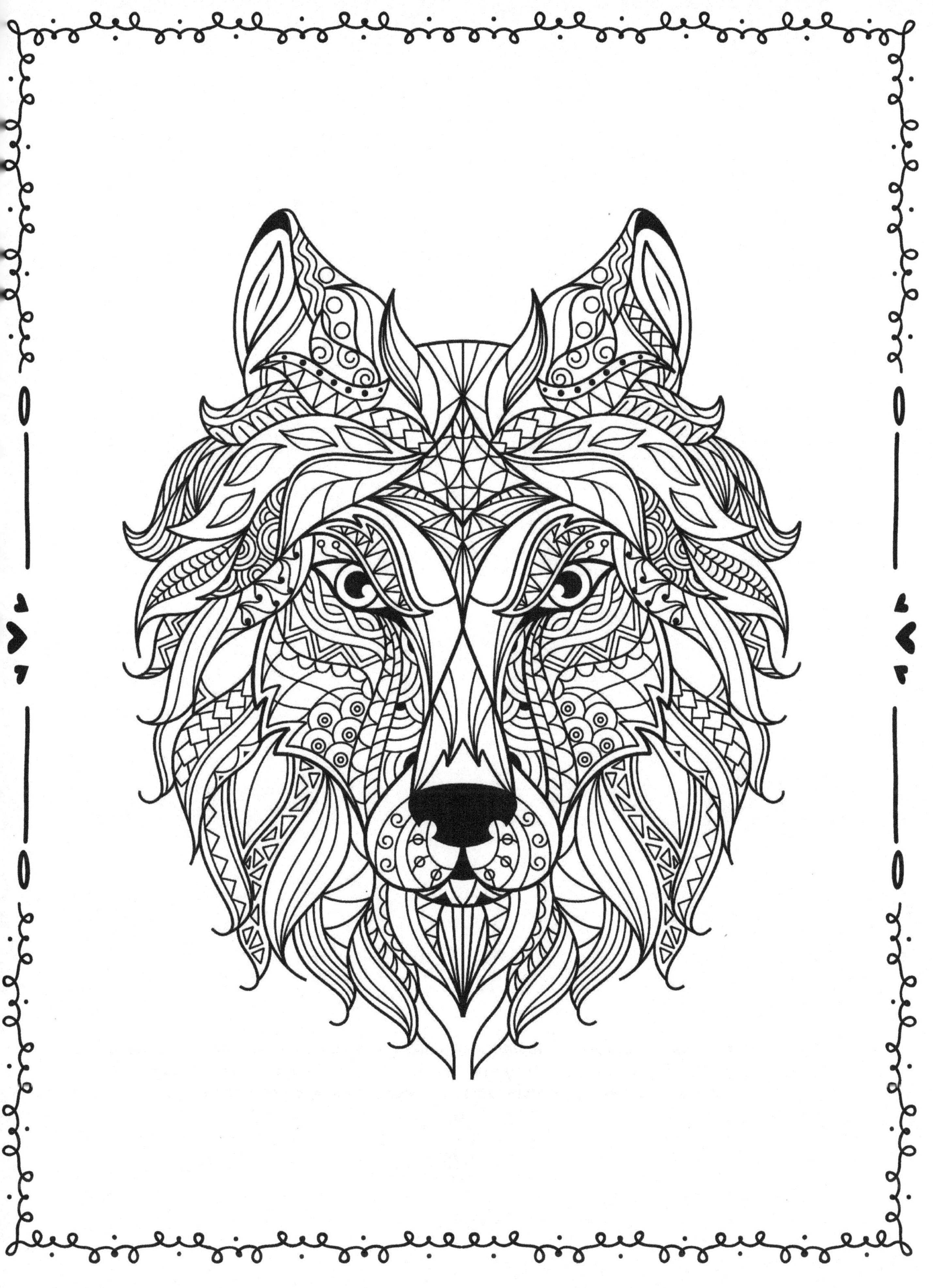

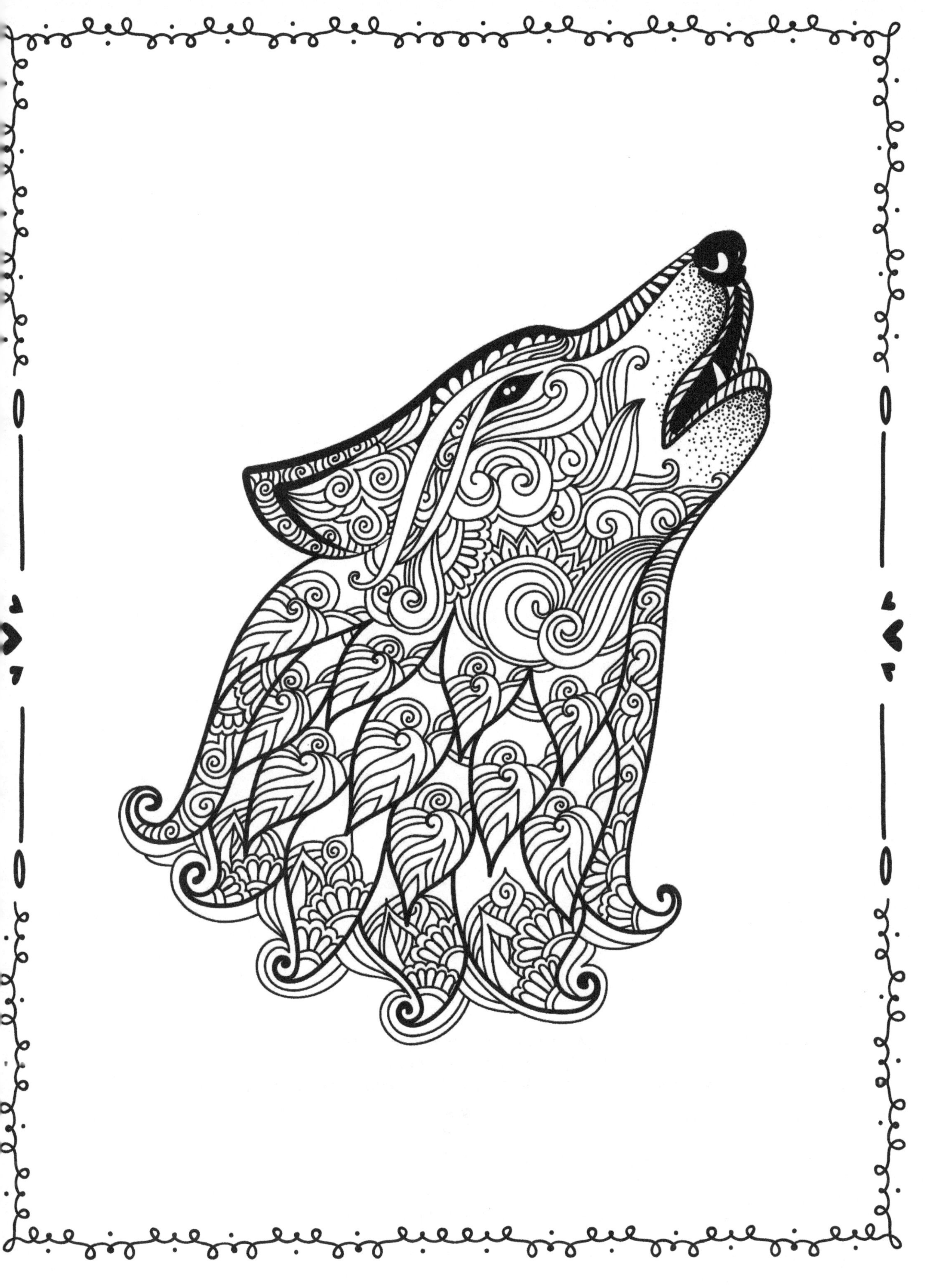

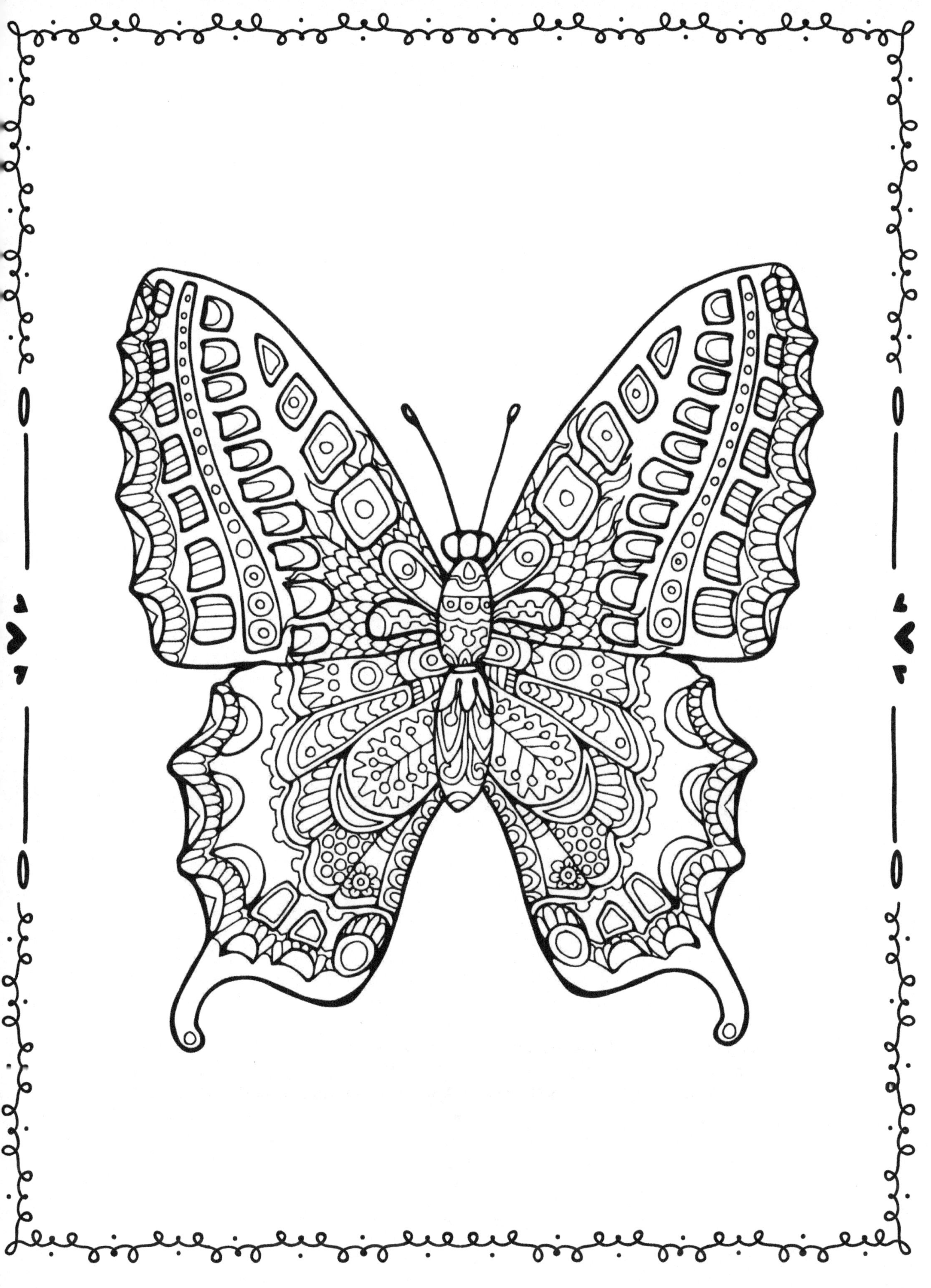

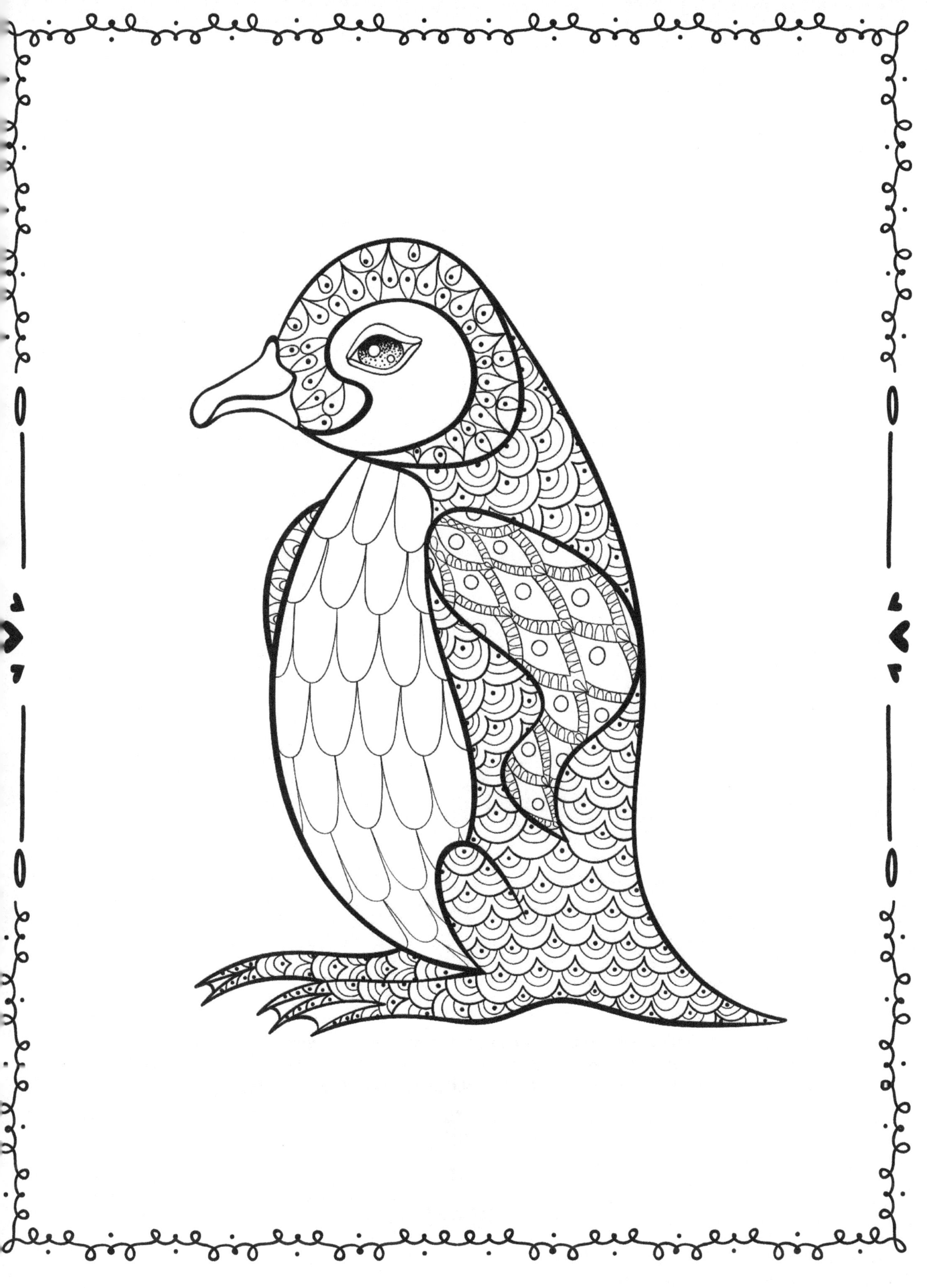

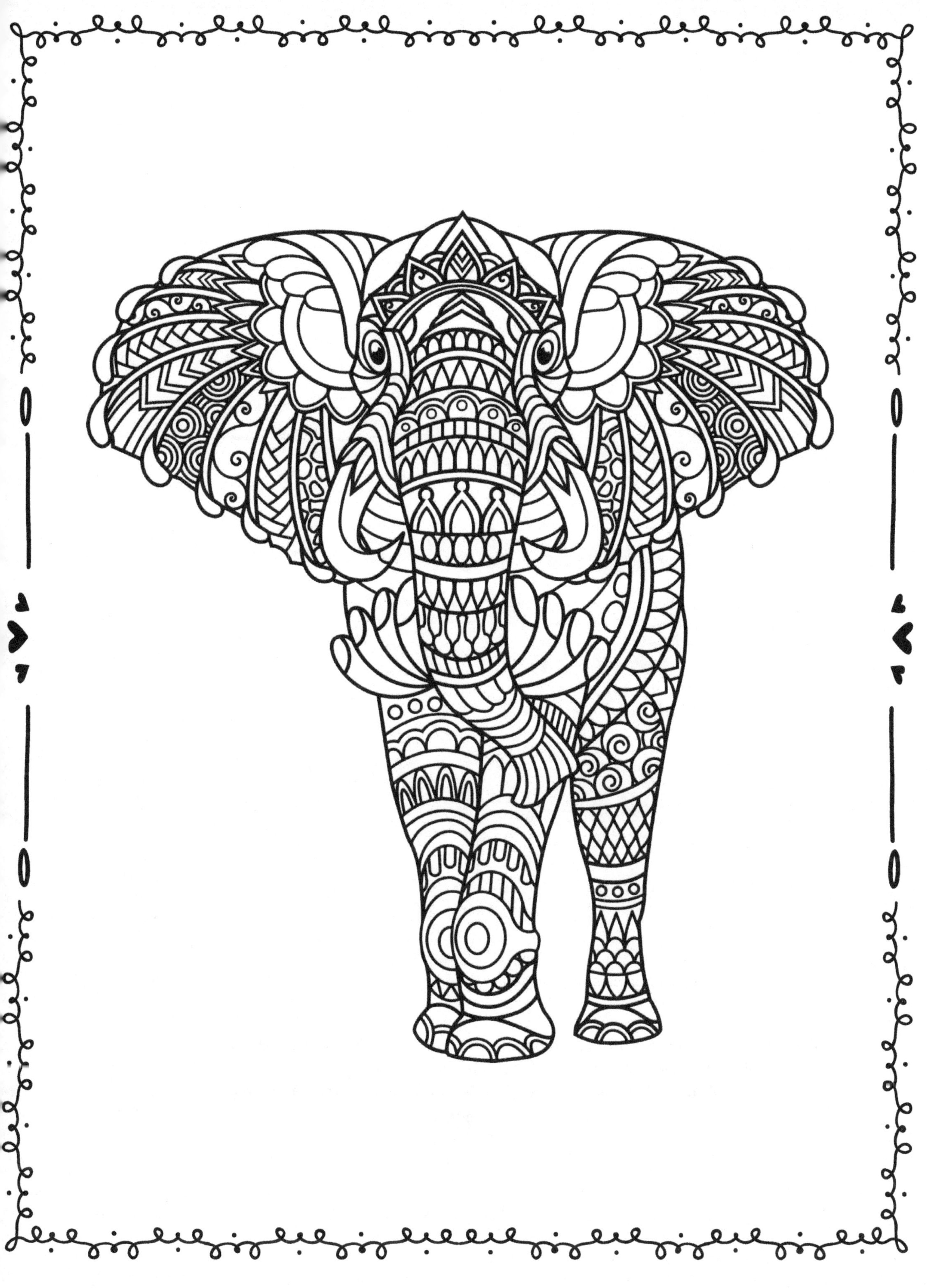

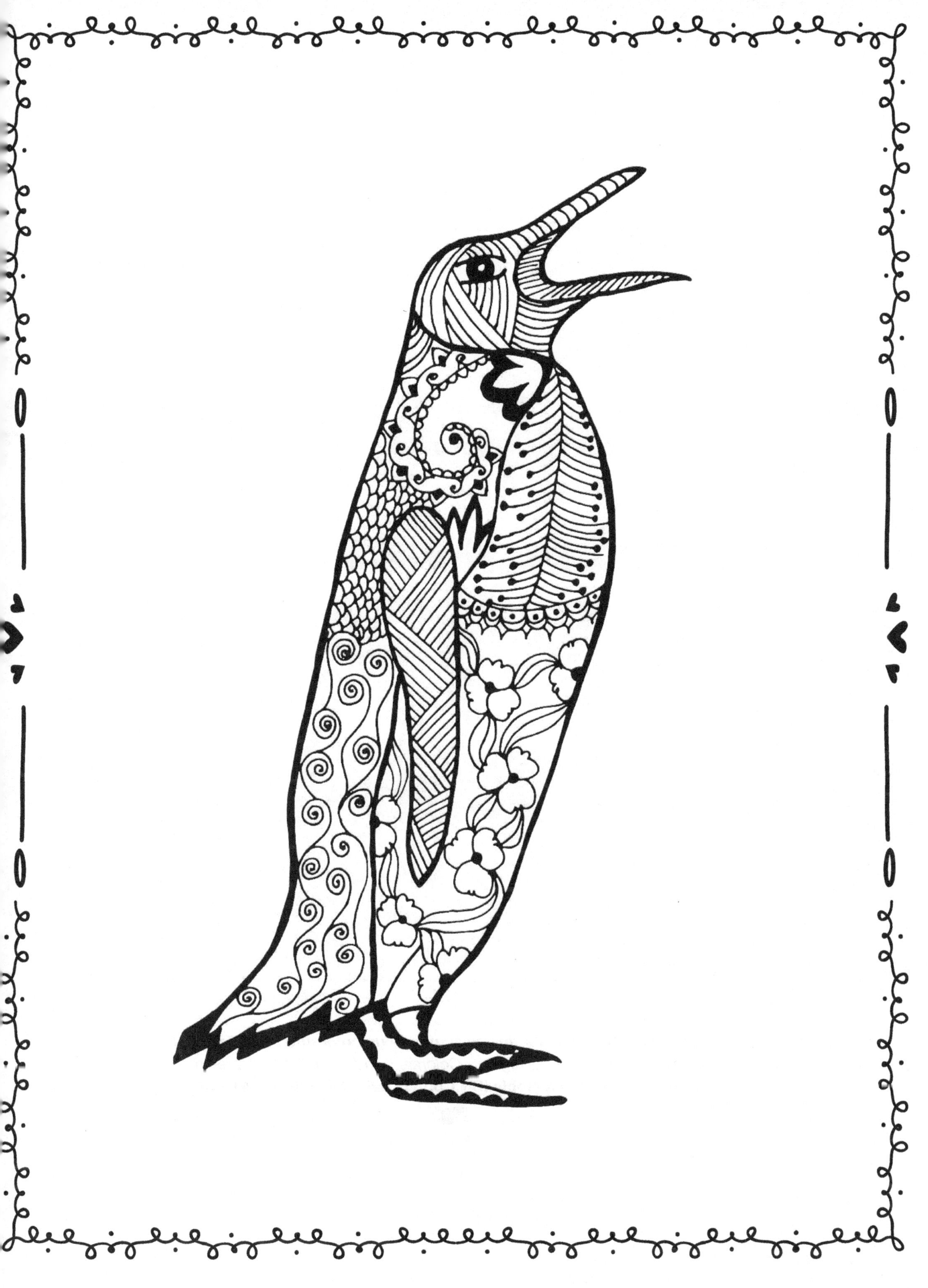

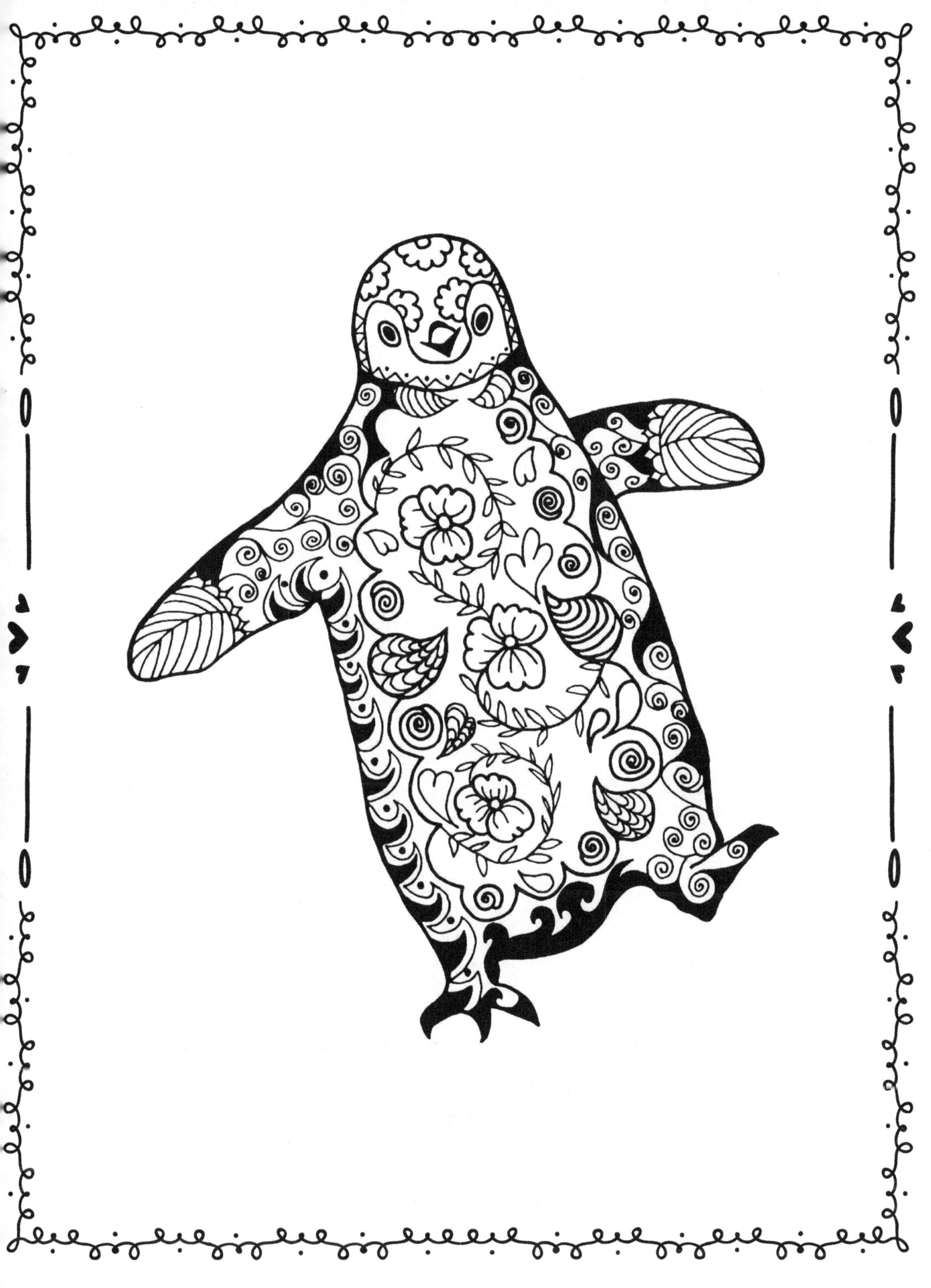

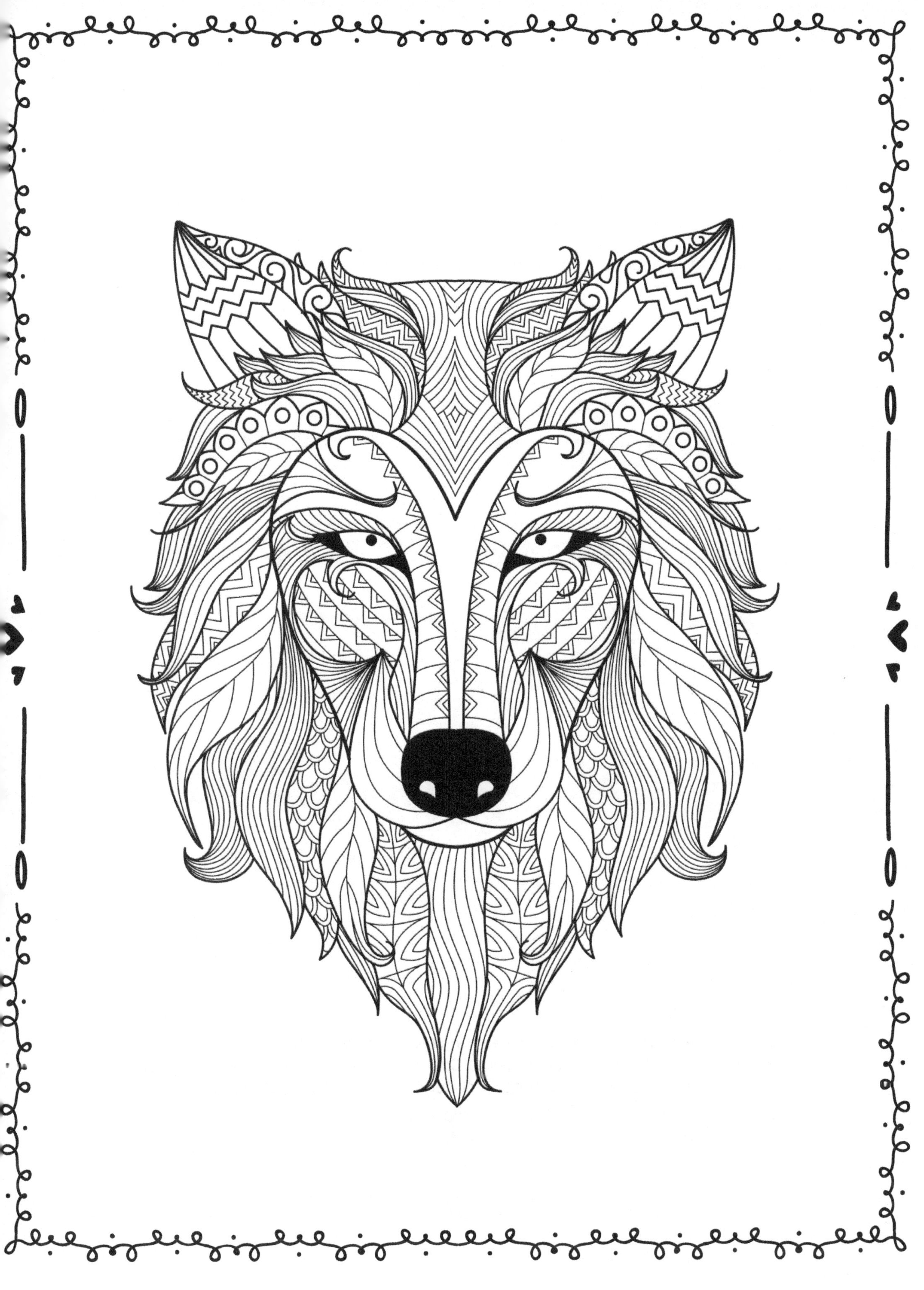

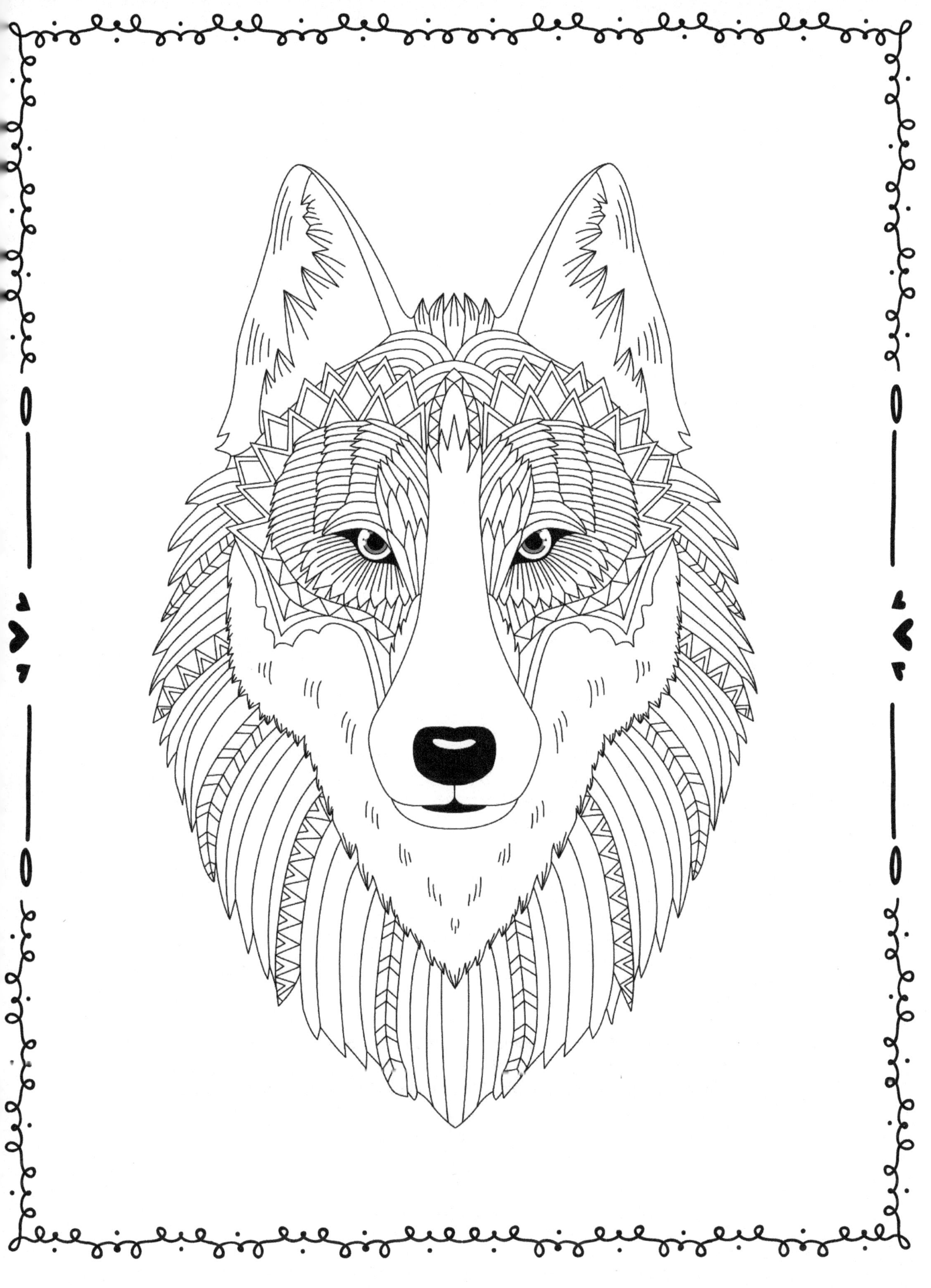

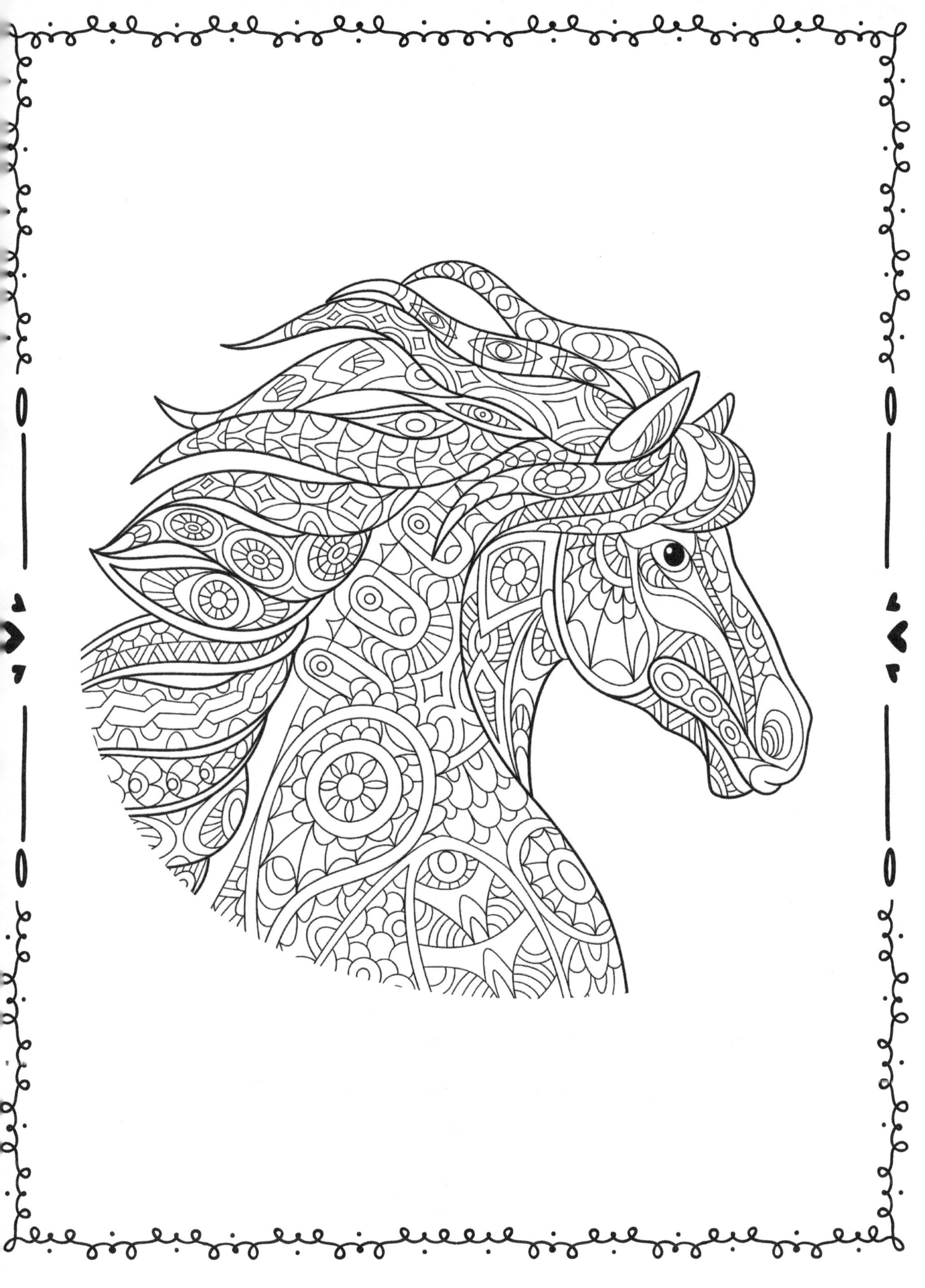

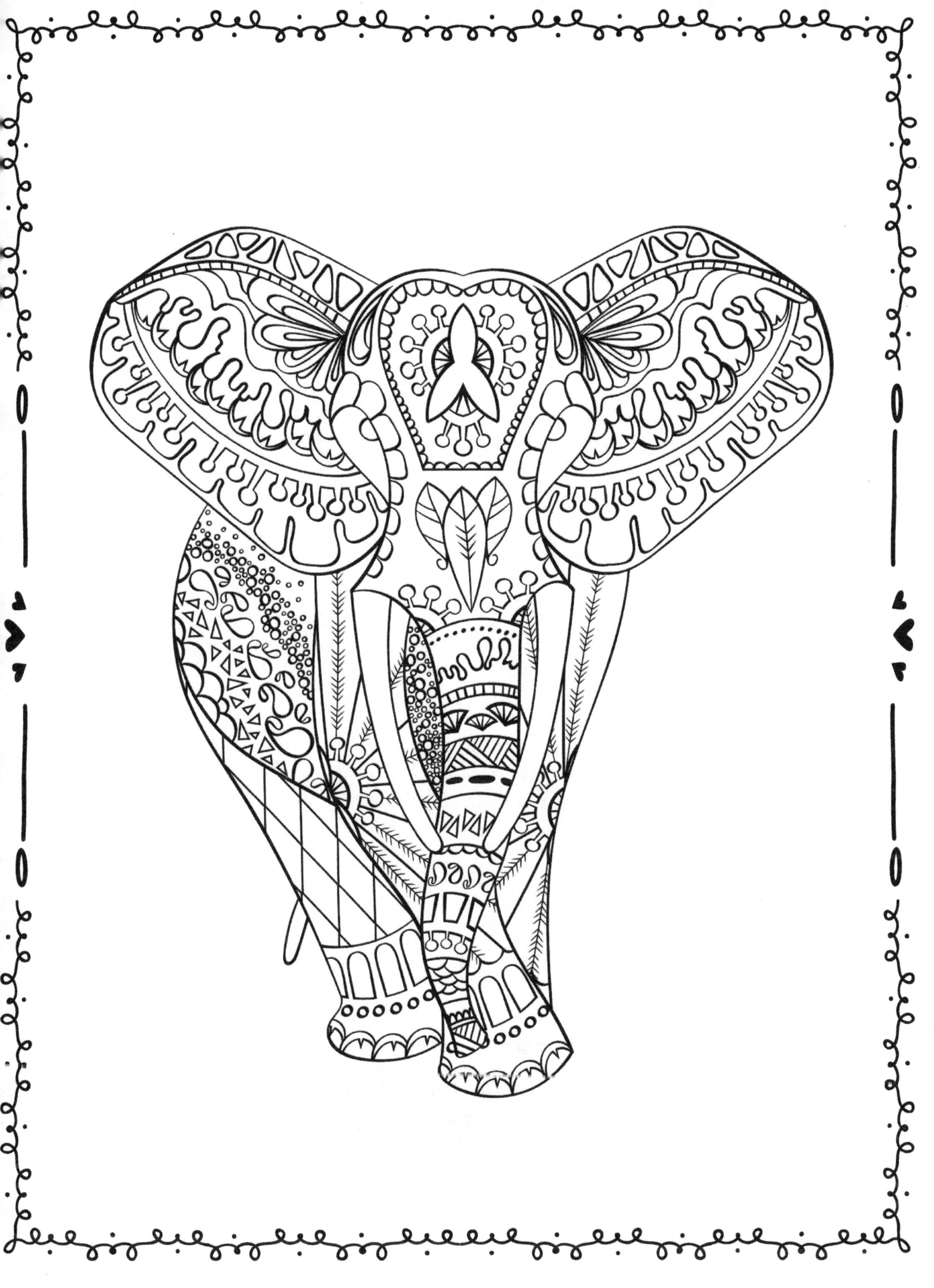

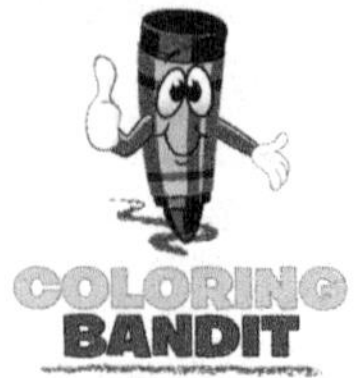

COLORING
BANDIT

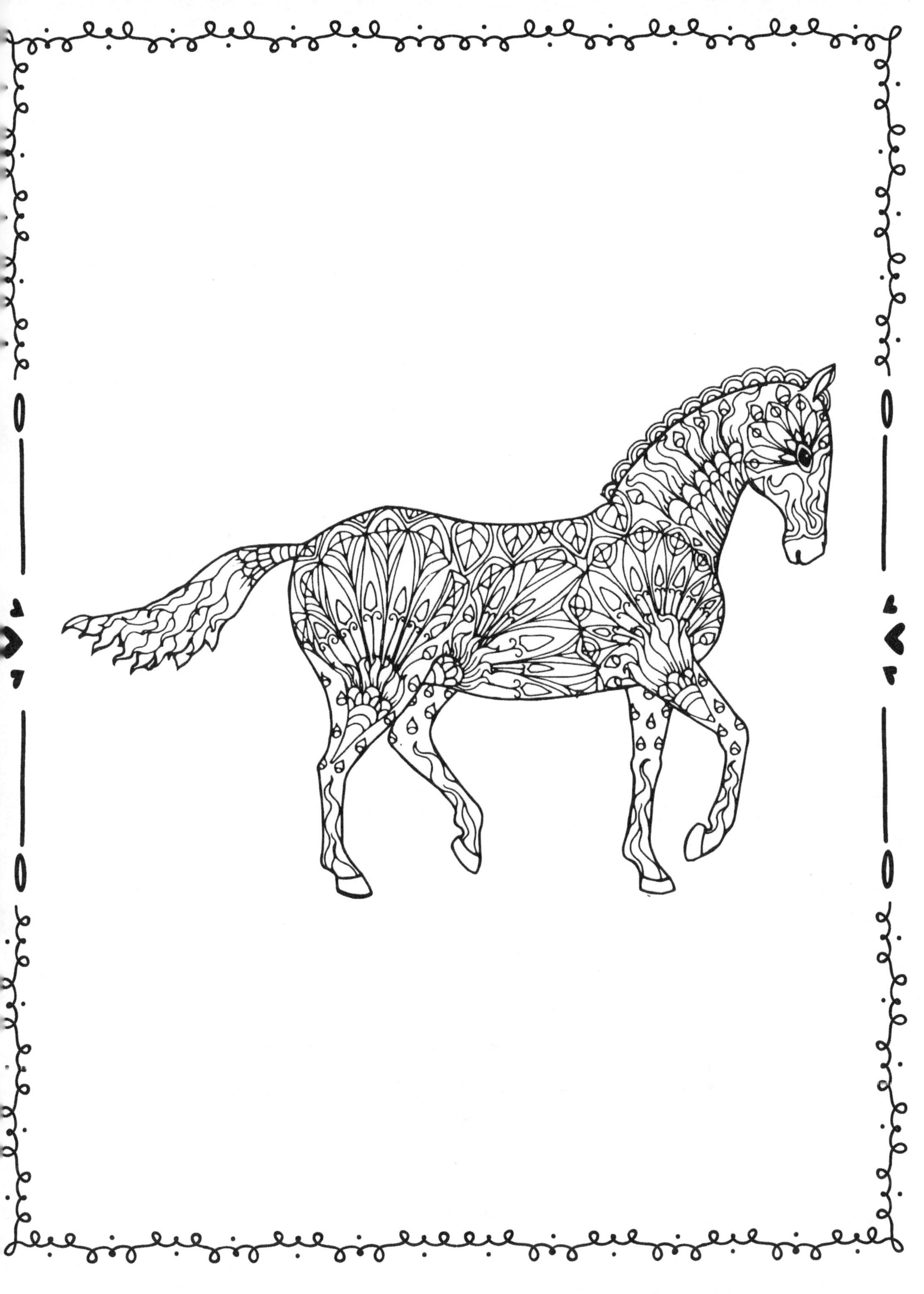

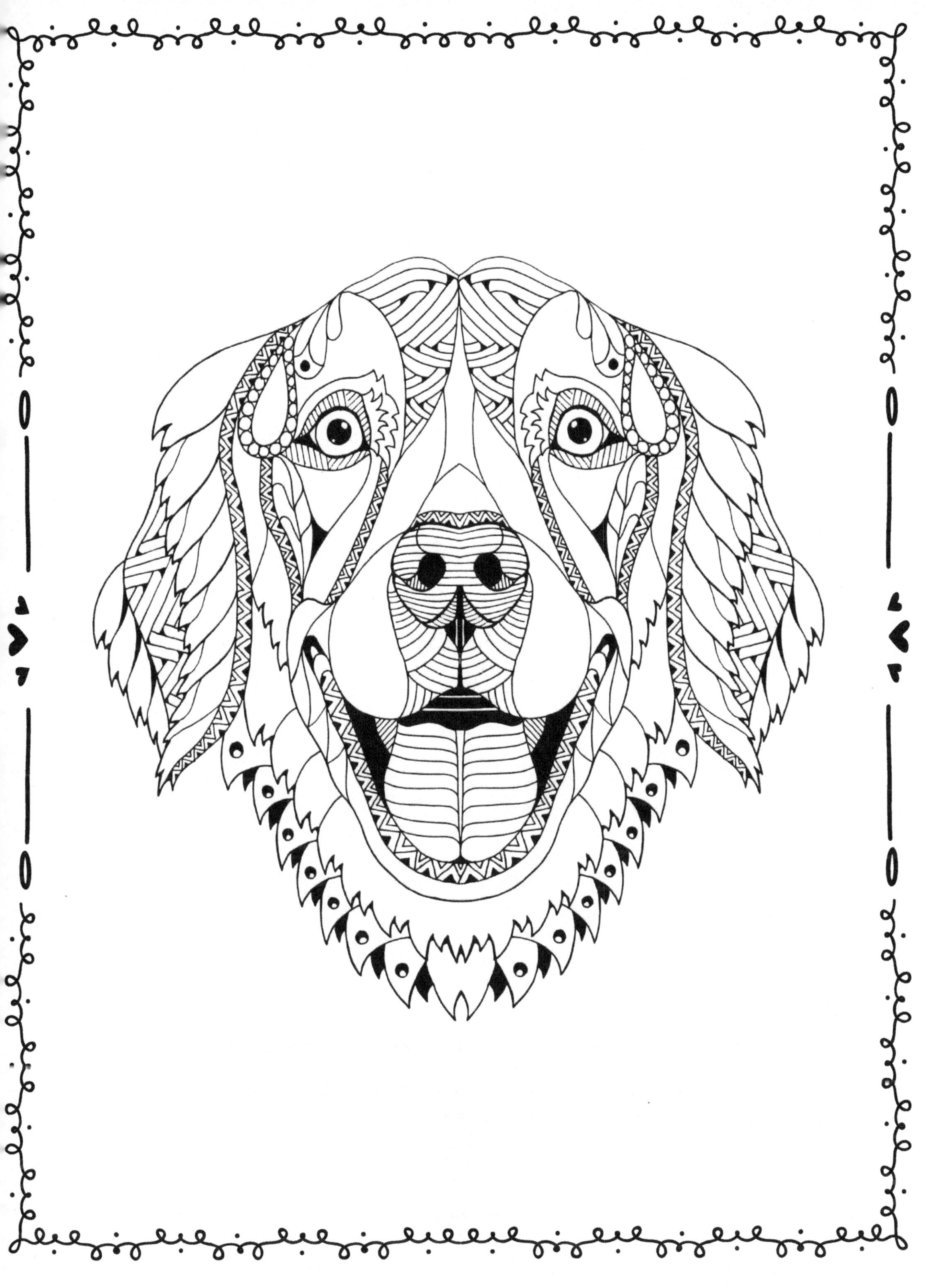

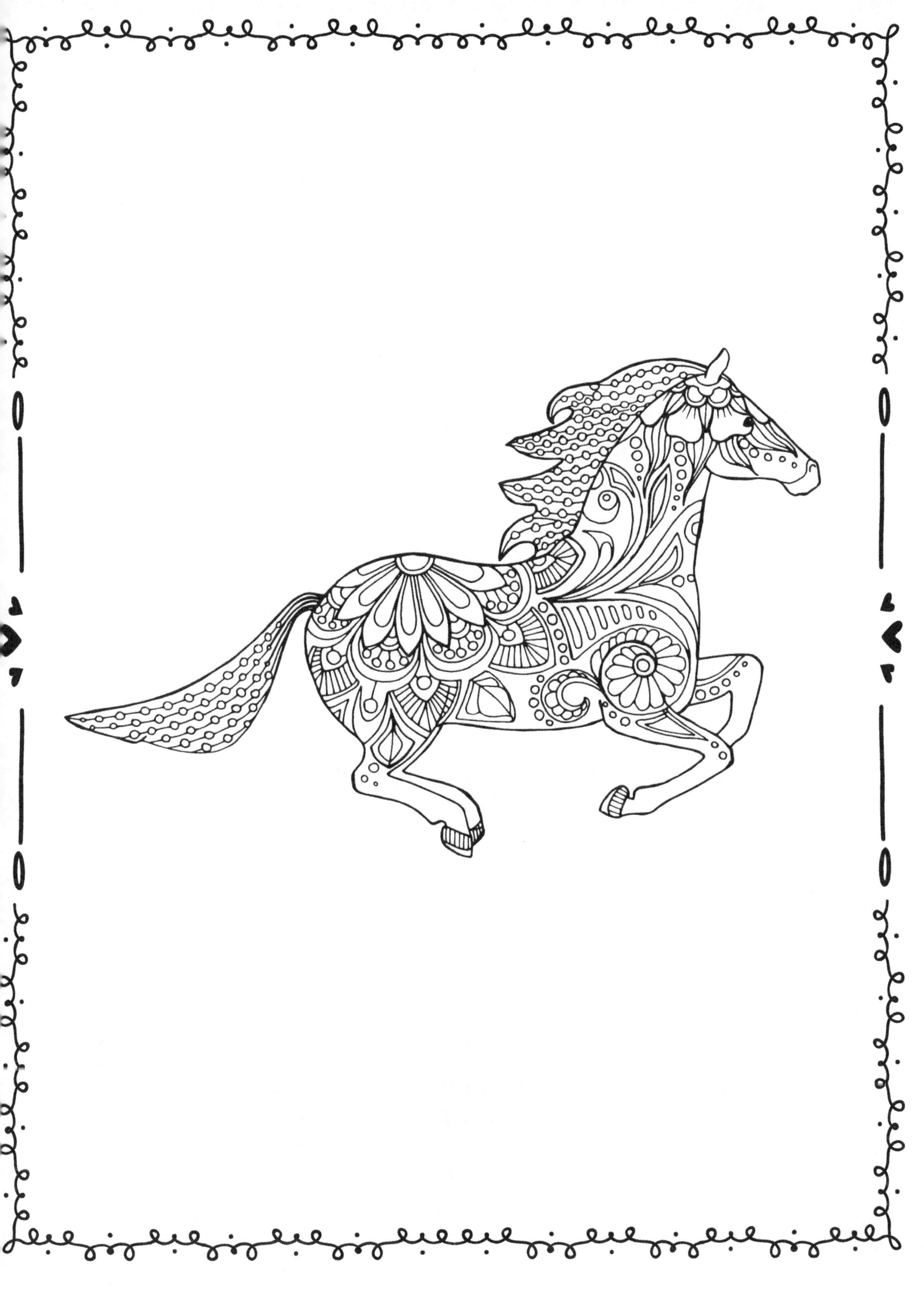

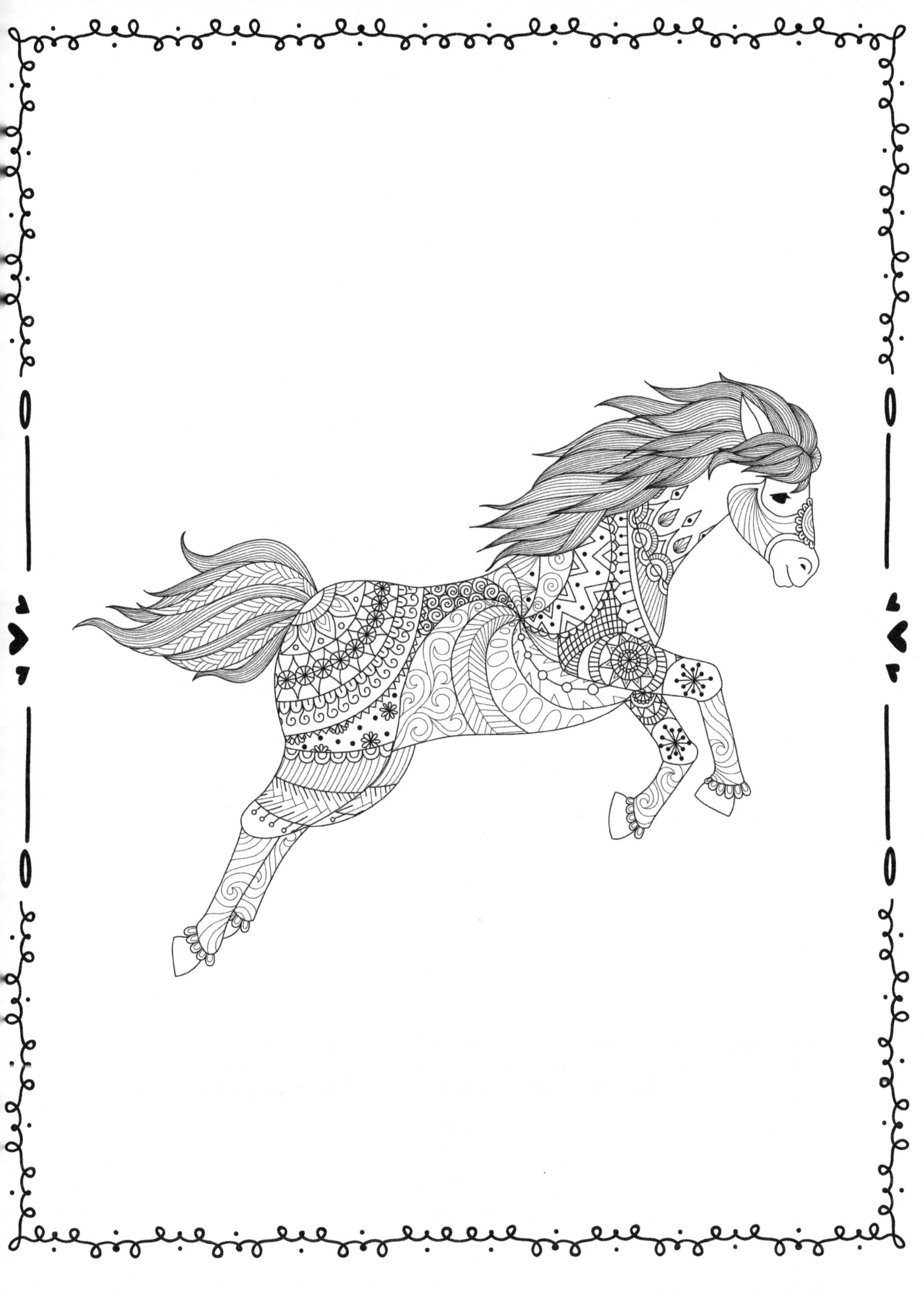

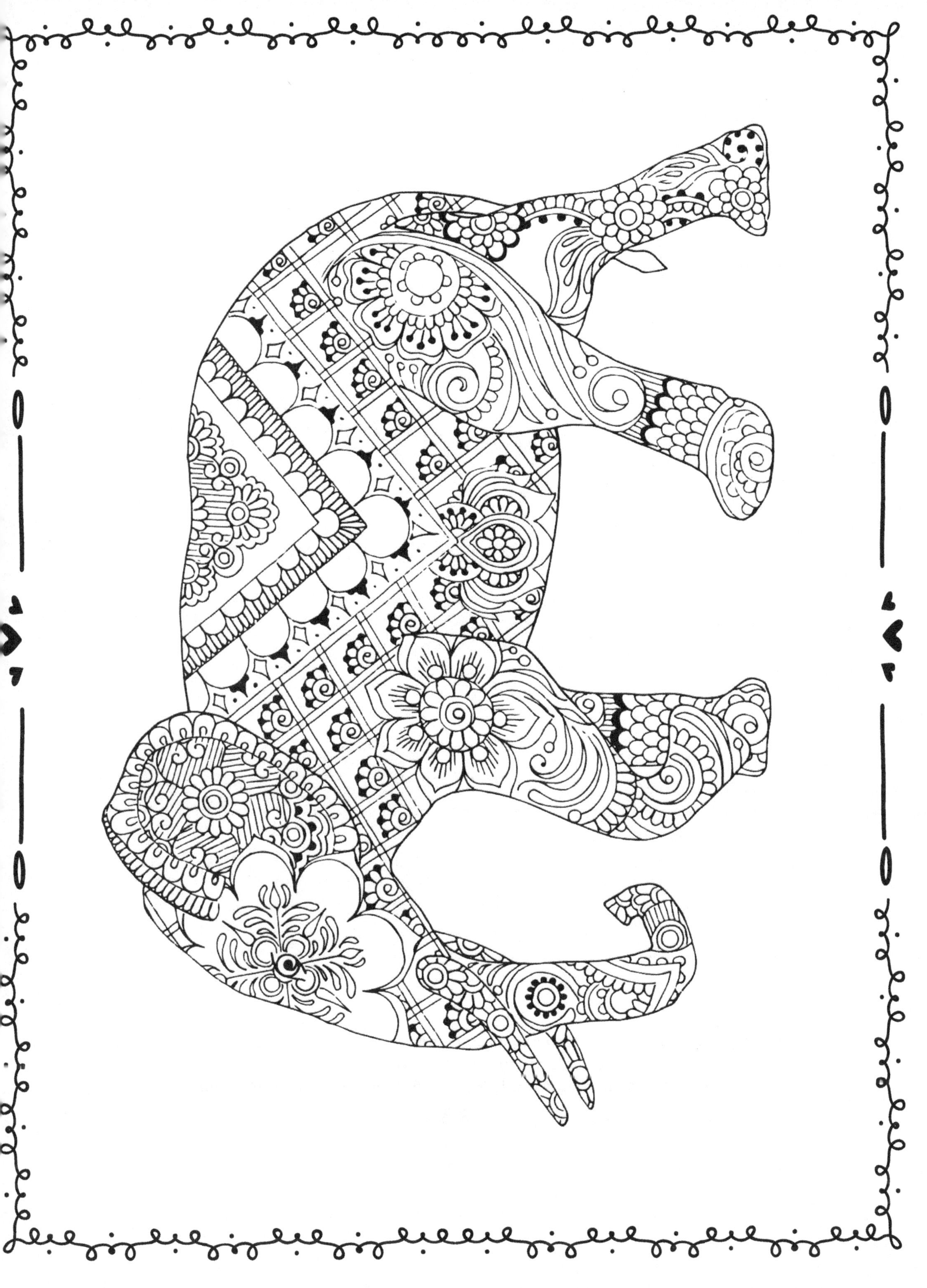

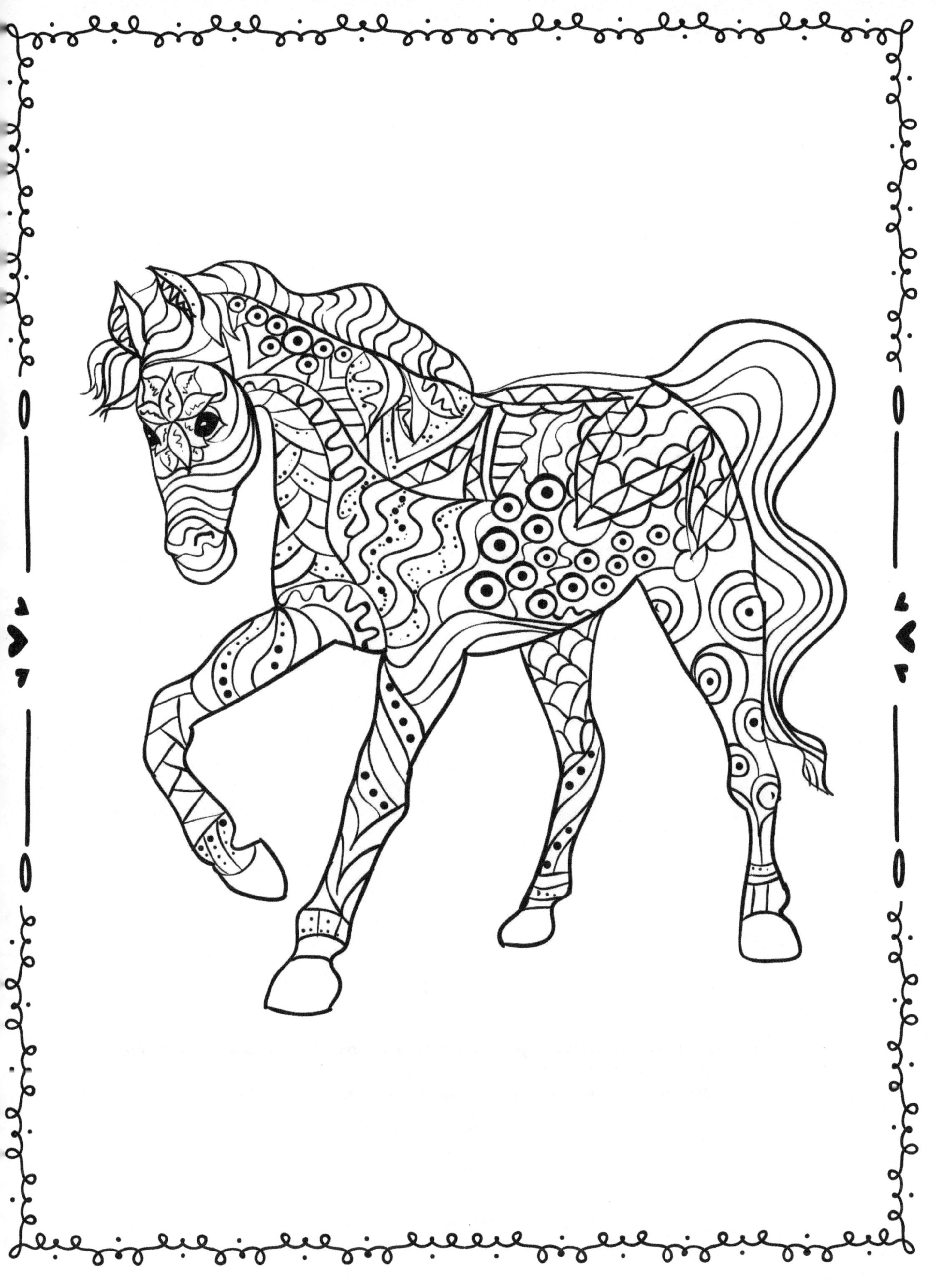

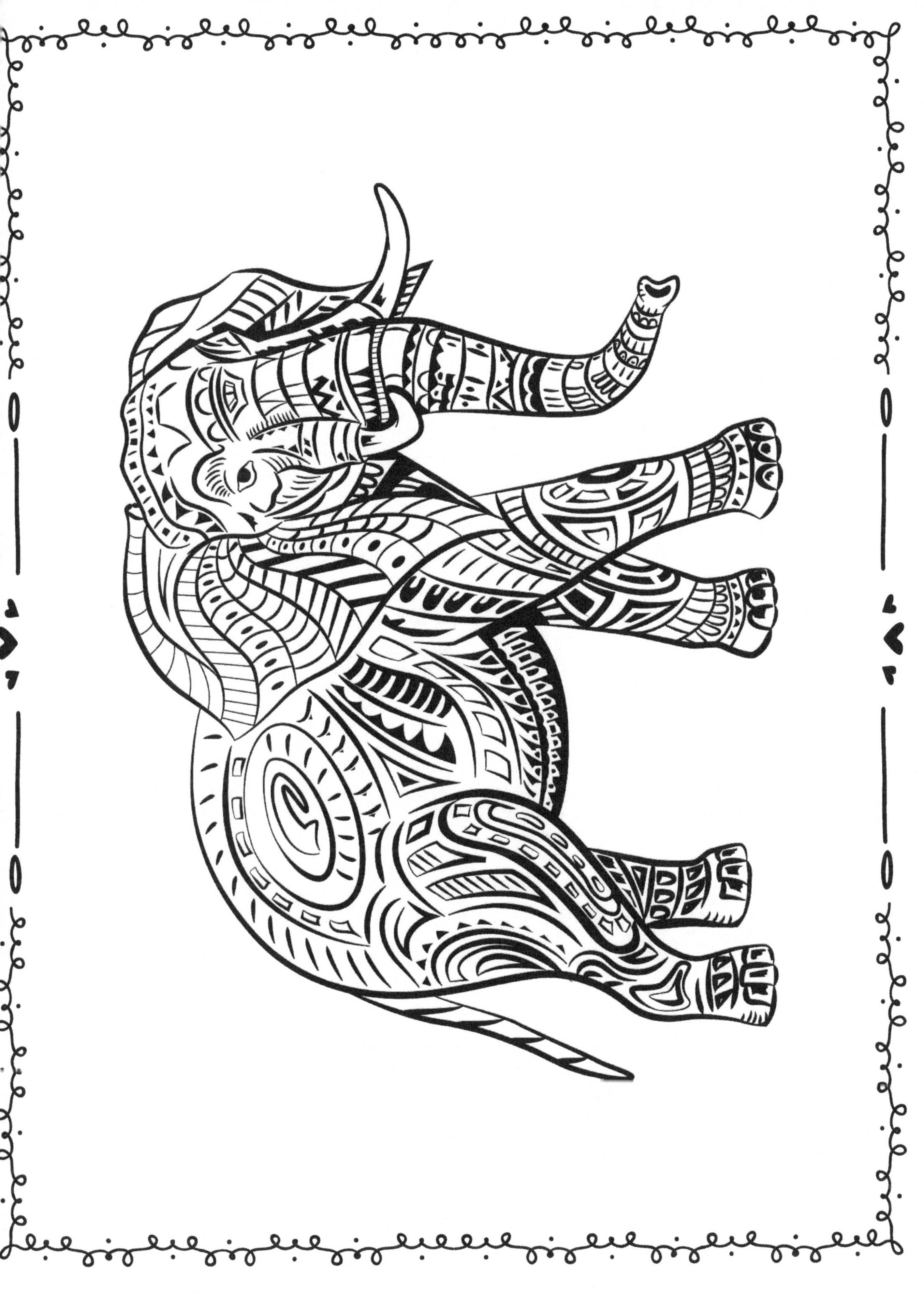

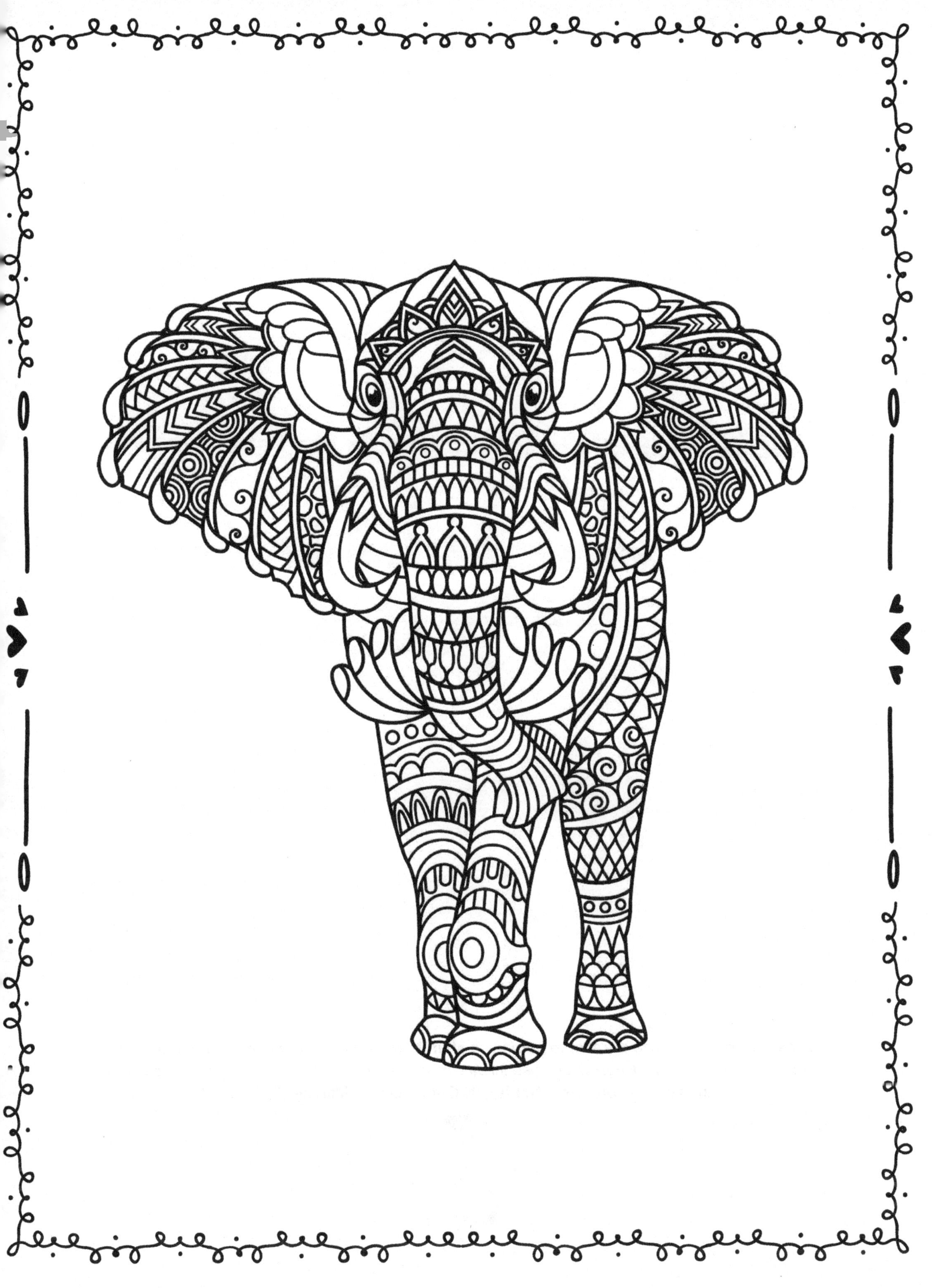

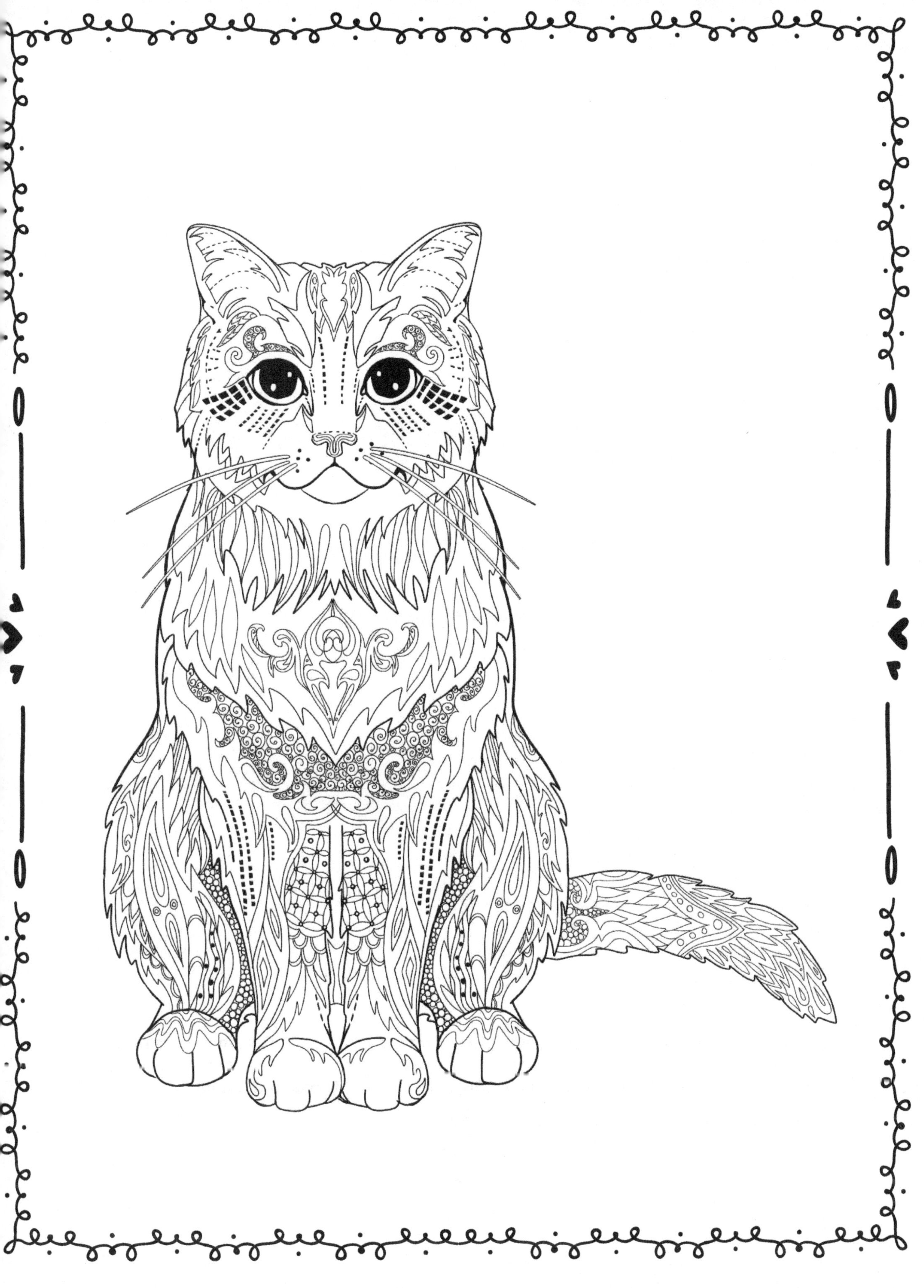

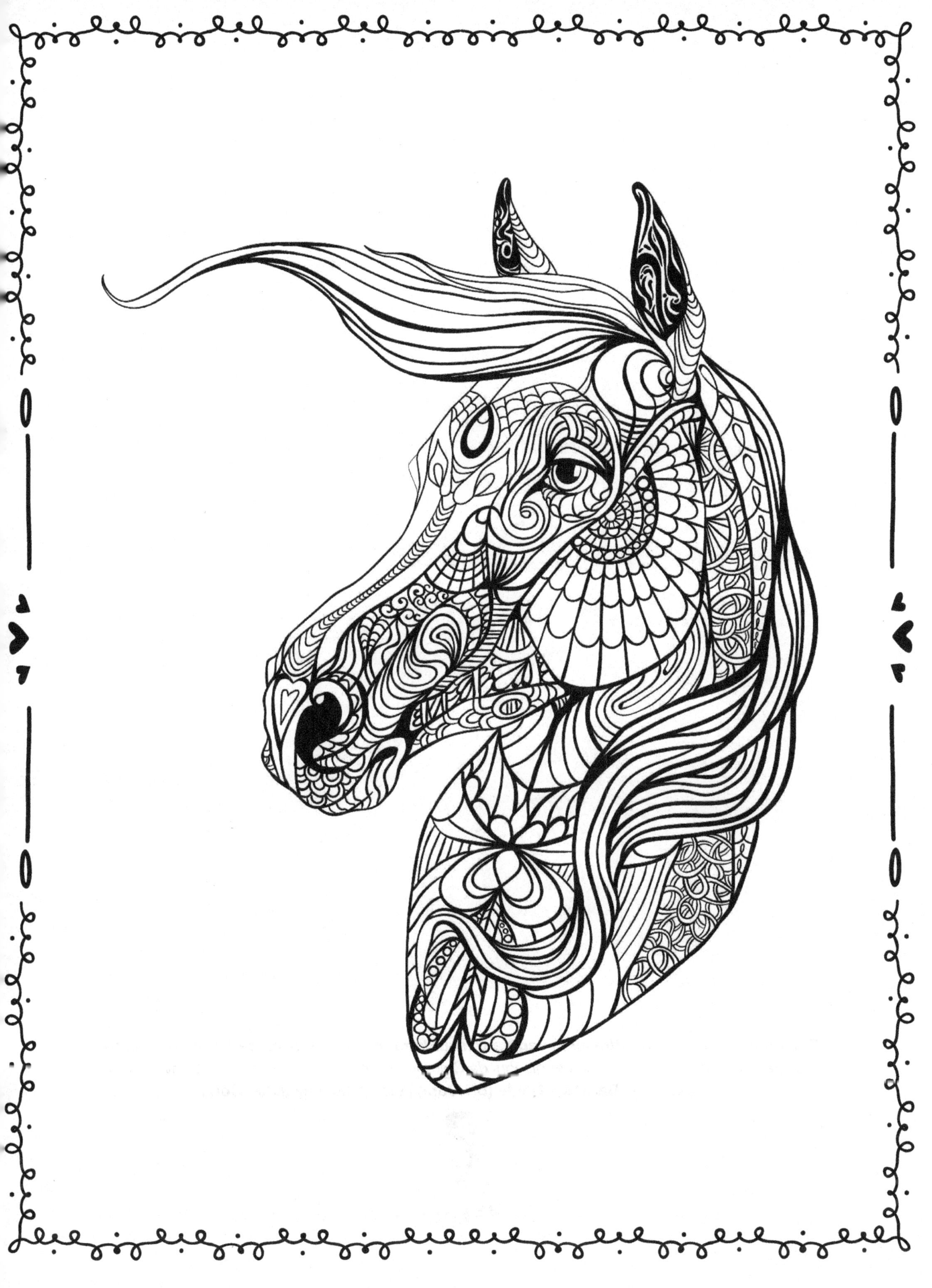

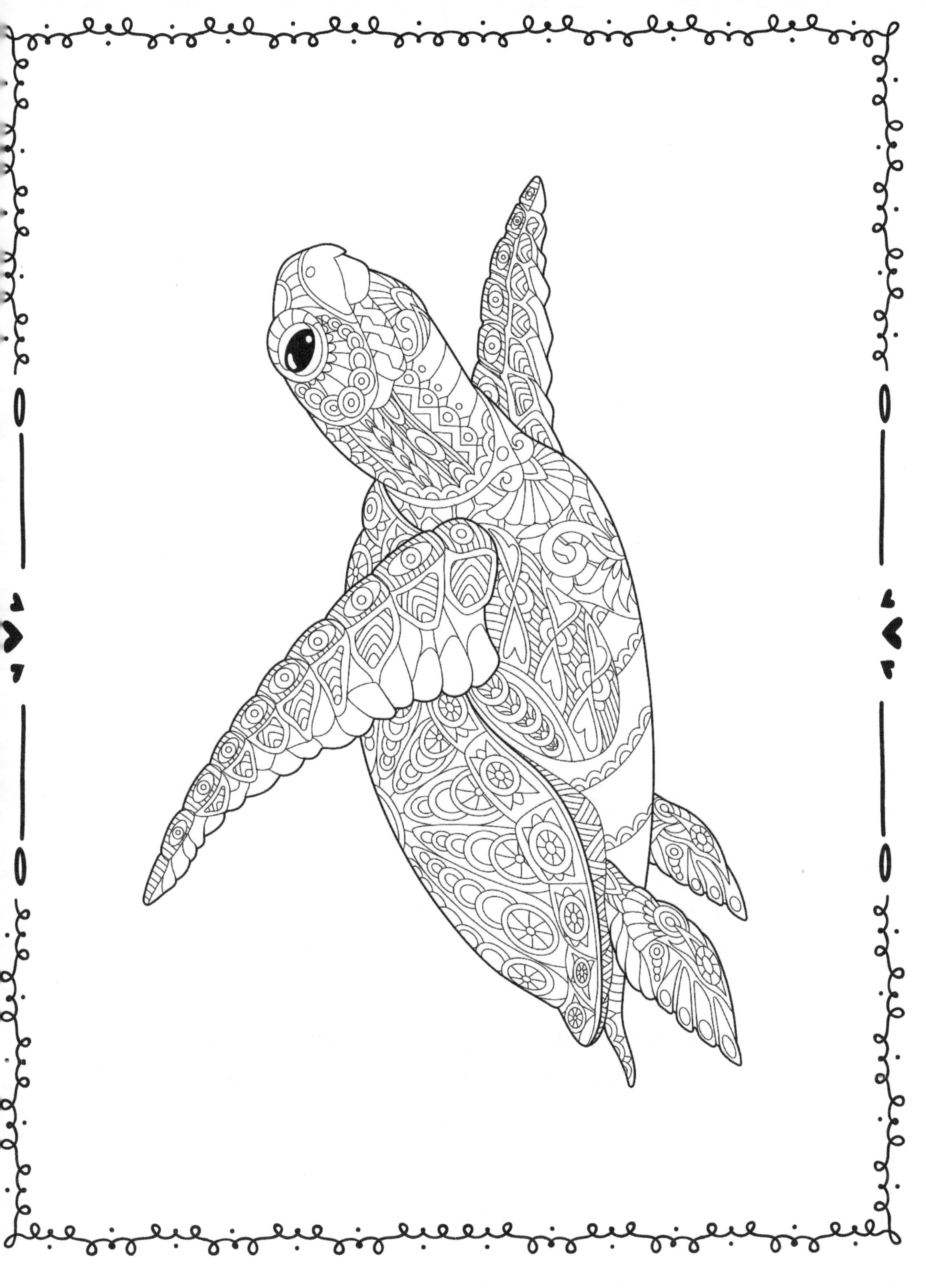

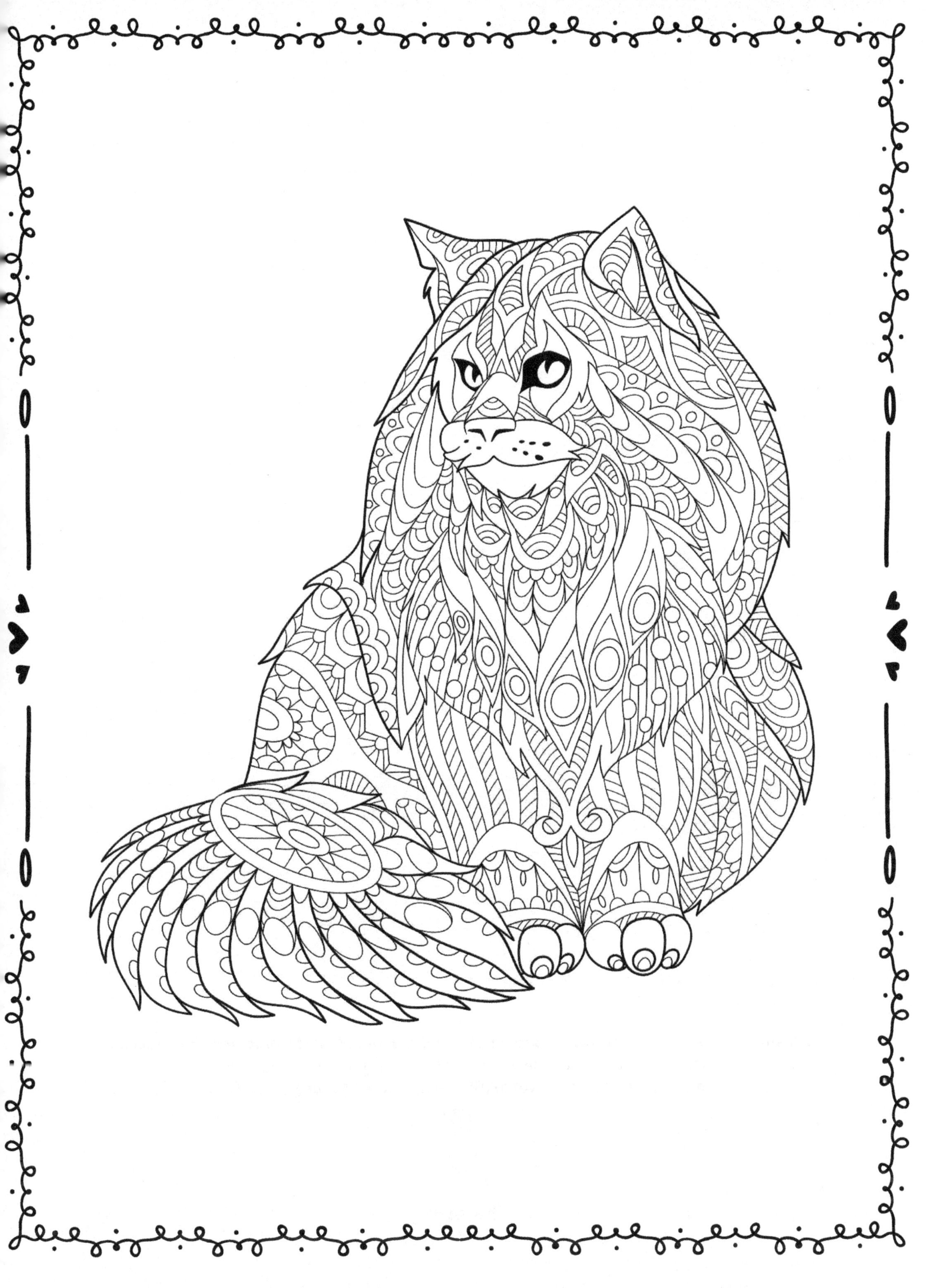

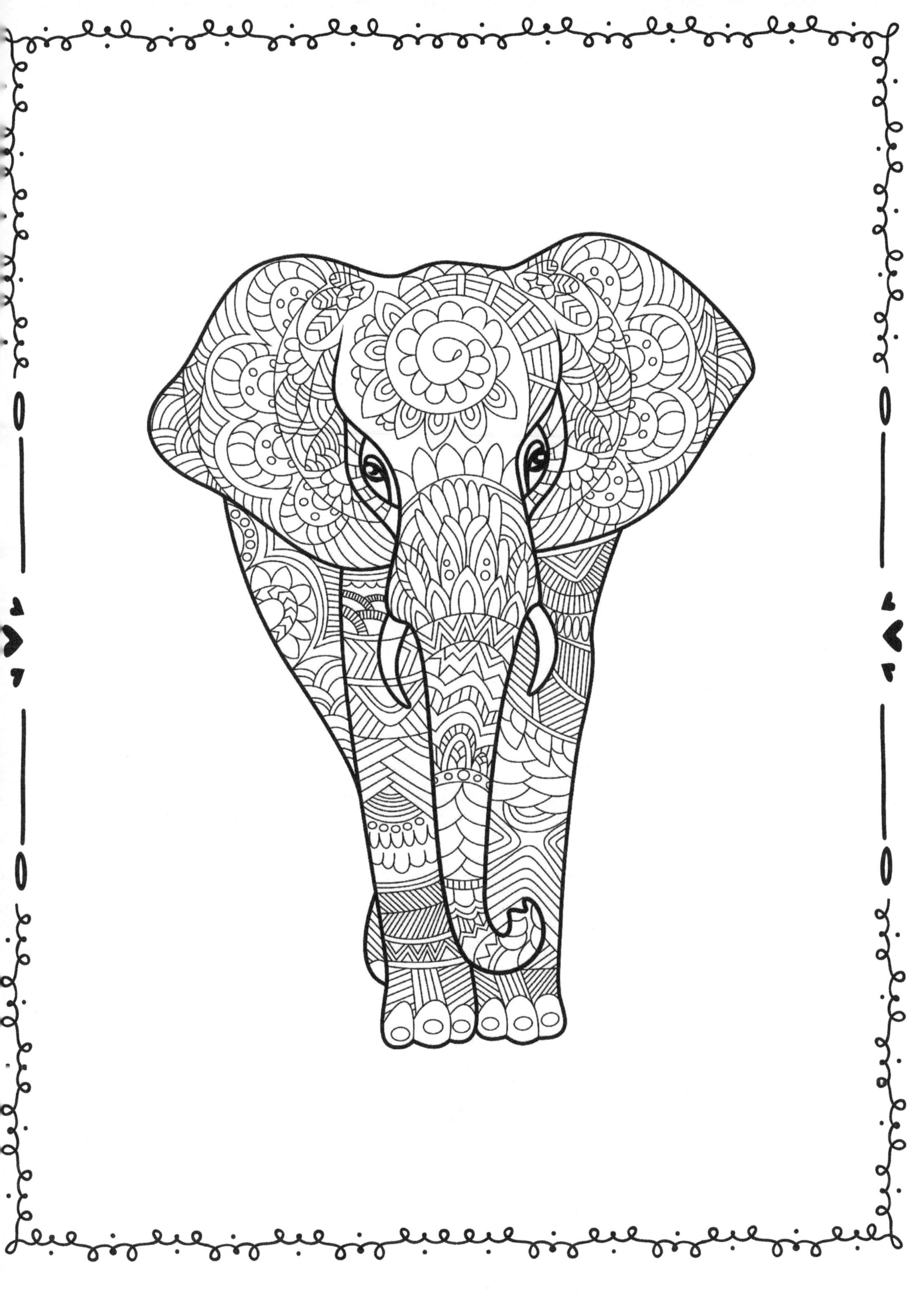

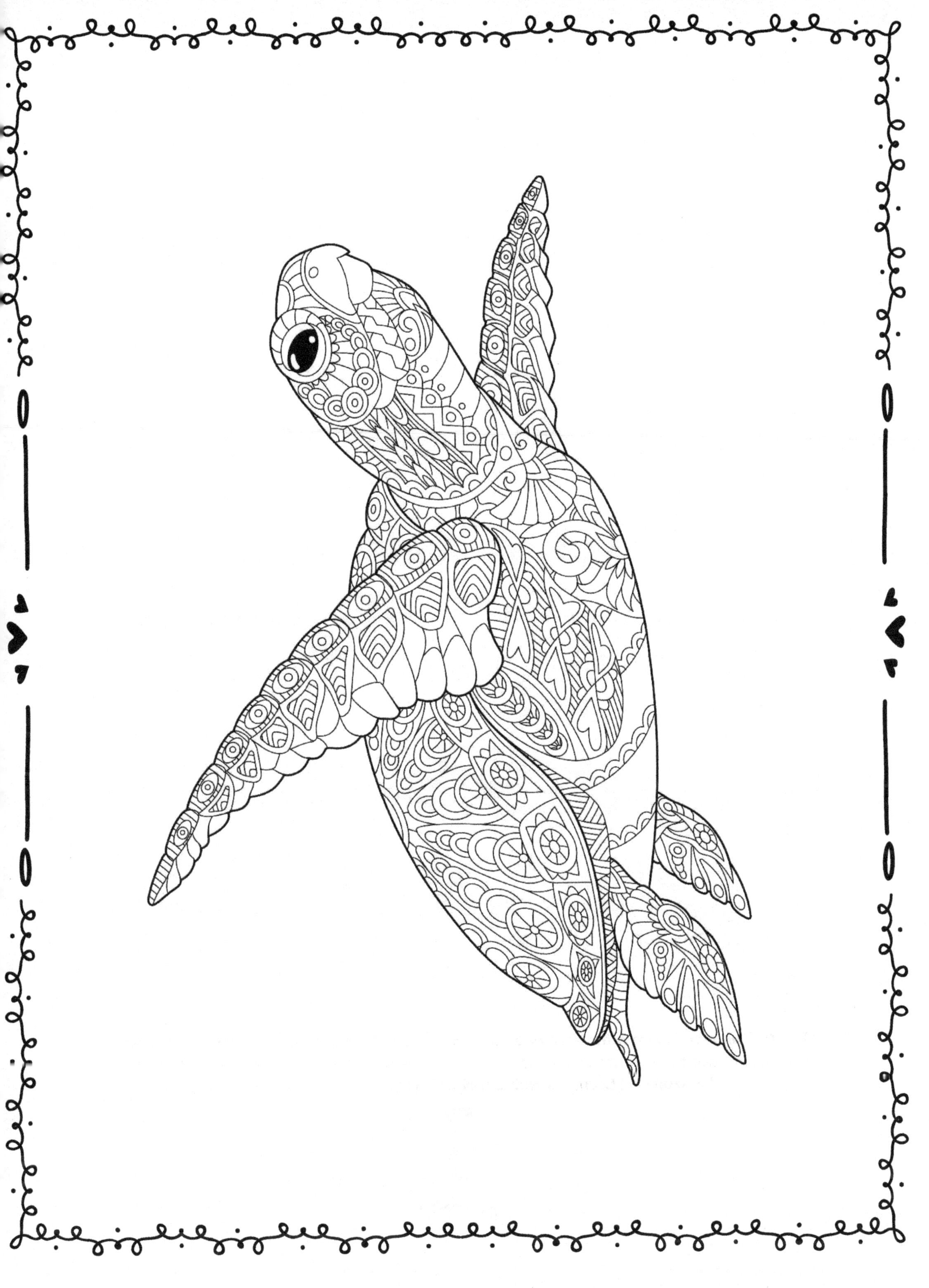

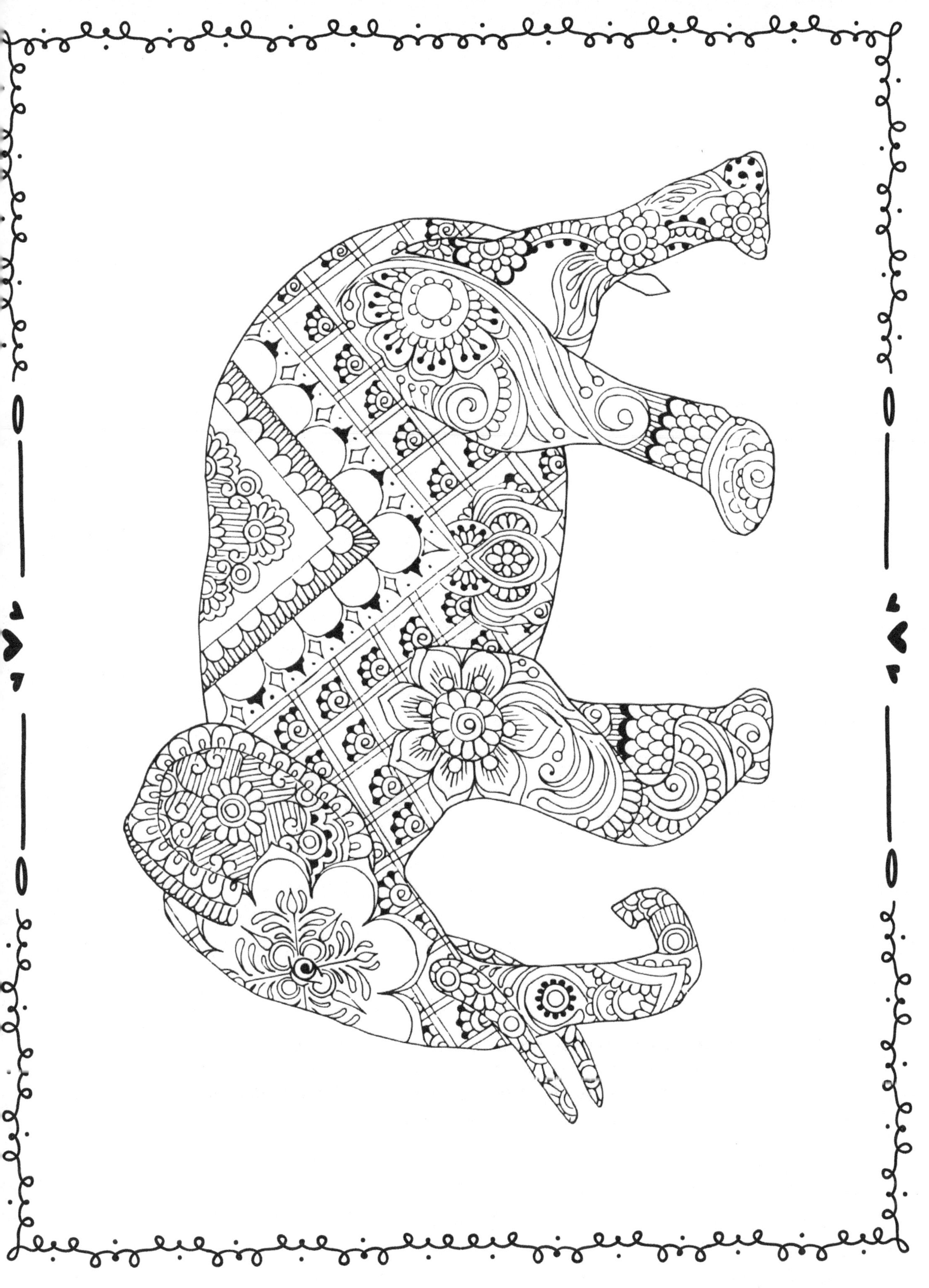

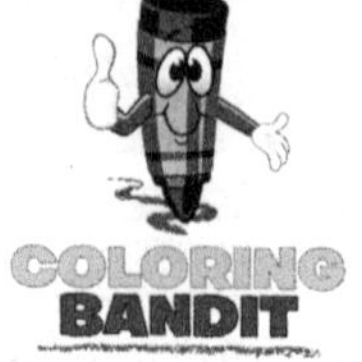

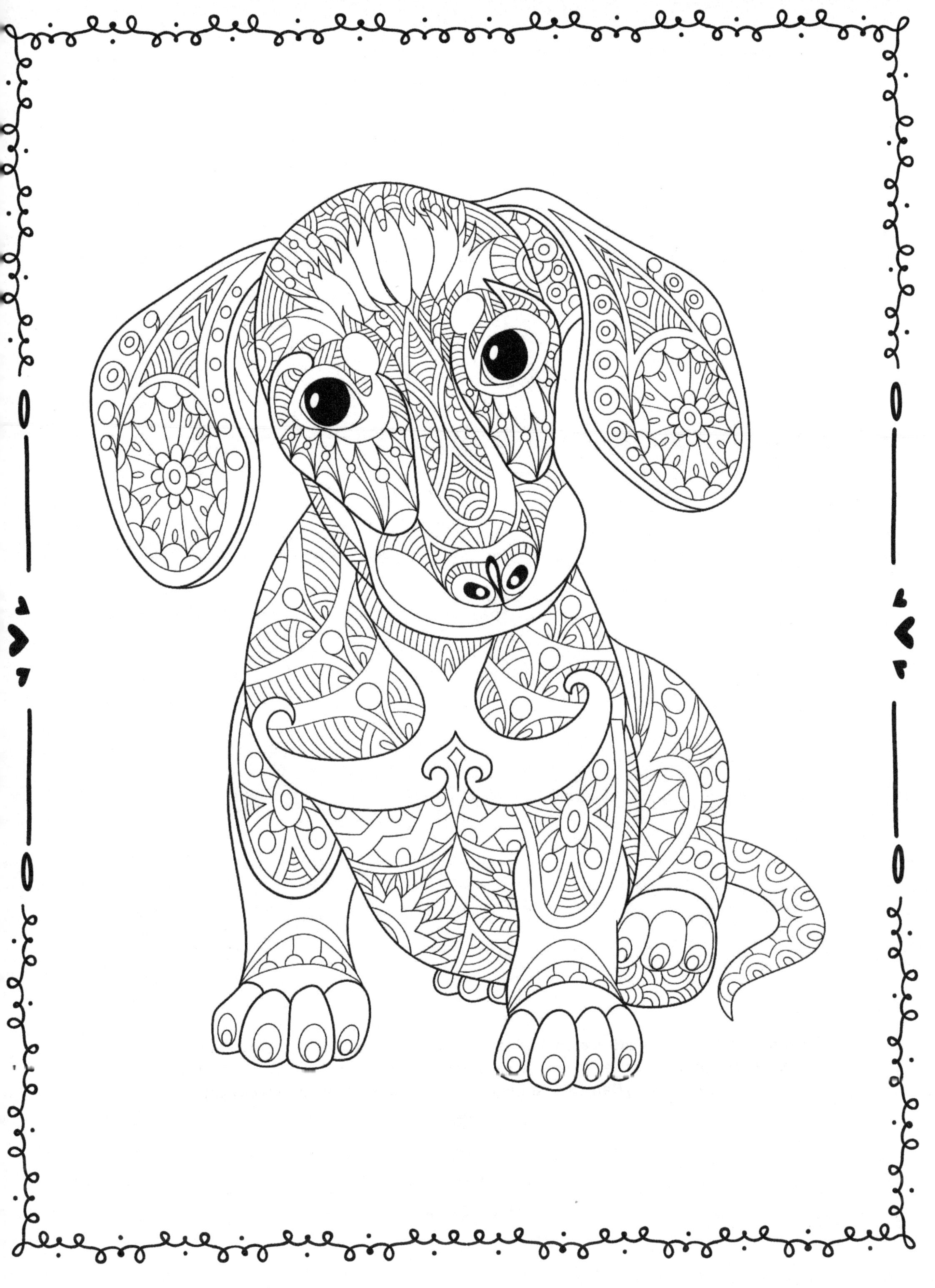

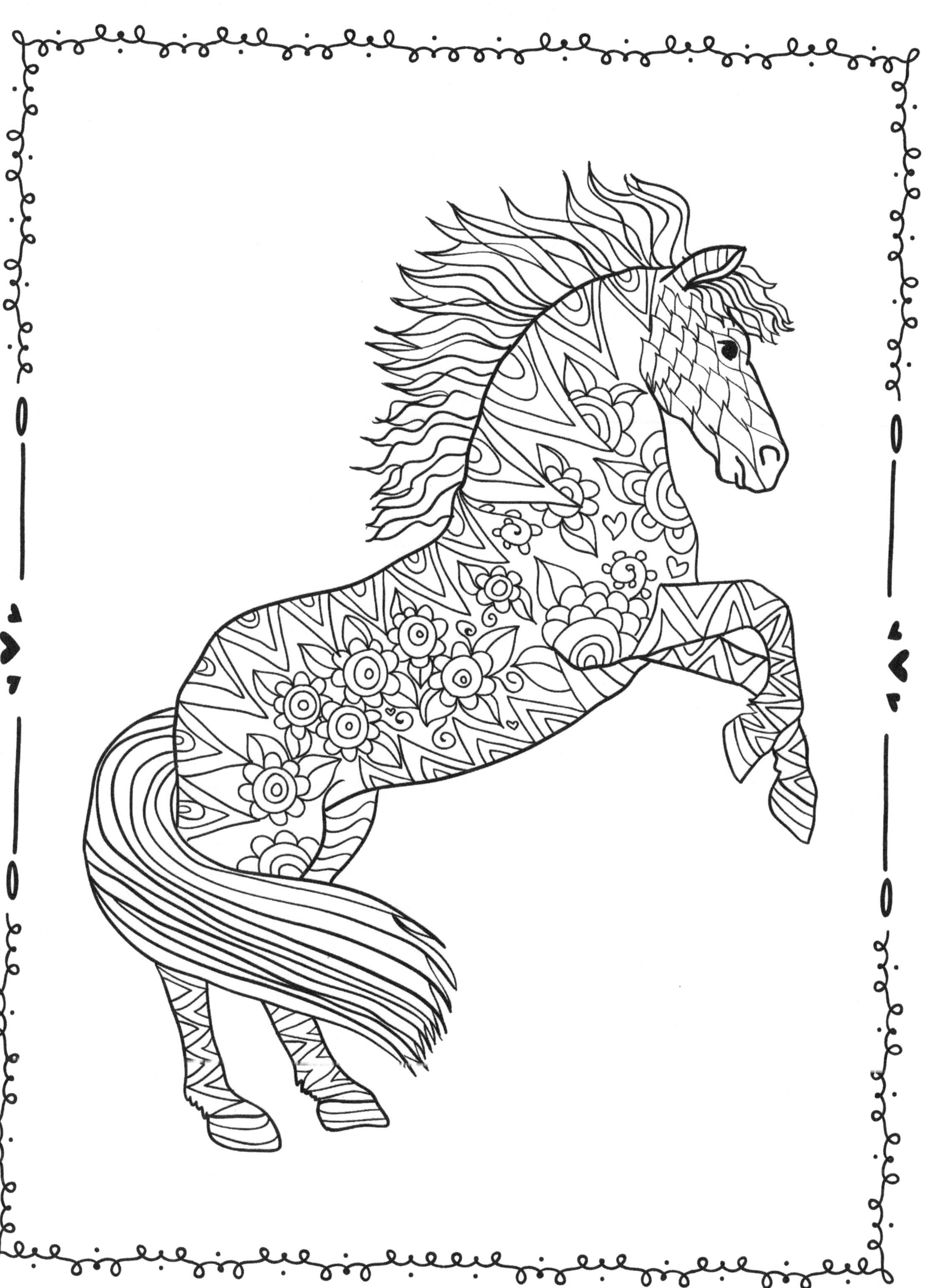

Made in the USA
Monee, IL
07 July 2026

56544689R00037